CD-ROMブック

改訂版

保育サポートブック

12か月の指導計画案付き

0・1歳児クラスの教育

指導計画から保育ドキュメンテーションまで

はじめに

乳幼児教育はその後の人生に大きな影響を与えます。幼保連携型認[illegible]の集団における教育環境は、小さな社会の一員として生活する重要[illegible]人ひとりの発達の違いに配慮された集団のなかでの学びは、家庭とは違った成[illegible]ります。このような環境での学びを保護者とともに喜び、情報を共有して行くためのひとつの発信方法として有効とされるのが保育のドキュメンテーションです。

今回の改訂版は、幼保連携型認定こども園教育・保育要領や保育所保育指針、幼稚園教育要領を基に見直したものです。旧版も、養護と教育の５領域を基本に行われる乳幼児教育の理念に沿って書かれていましたが、今回の改訂版は乳児期（0歳）の3つの視点や満1歳以上満3歳未満（保育所では1歳以上3歳未満）の5領域、満3歳以上（保育所では3歳以上）の5領域に分かれたものを意識して見なおされています。ドキュメンテーションの保育内容自体は変わっていませんが、例えば、上記にも記した、ねらい・内容の対象年齢が3つに区分されたこと、幼児期の終わりまでに育ってほしい10の姿や育みたい資質・能力など新たに提示されたことも意識して、加筆されています。

この本では、各年齢の「発達のようす」を知り、発達に基づいた「指導計画を作成」し、「あそびのプロジェクト」を設定、より具体的な「保育のねらい」と「保育ドキュメント」を提示し、「保育ドキュメンテーション」を作成する形をとっています。また、子どもがどのようにかかわり、何を学び取ったのかをわかりやすくまとめた全国の認定こども園や保育園の開示例を挙げています。今後の保育の有効なツールとして、現場のみなさまに大いに活用していただければ幸いです。

0・1歳児は身の回りの生活環境からの影響を最も強く受け、心身ともに最も著しい発達を見せる時期です。しかし発達の初期であることから、その内に獲得した多くの学びを自らの力で発信することには、まだまだ心身ともに未熟な時期であり、それゆえ大人はこの時期の学びの様子を見て取ることに難しさを感じます。

この時期の養護的かかわりは基本であり重要であり、多くの時間を費やす必要がありますが、それと同時に環境から知識を吸収する能力は、他の年齢に勝るとも劣らない時期であることを意識し、言葉かけやかかわり、環境構成に十分配慮する必要があります。

2021年2月

保育総合研究会会長　**椛沢 幸苗**

もくじ

改訂版 保育サポートブック 0・1歳児クラスの教育CD-ROM

マークのあるページは、フォーマットデータをCD-ROMに収録しています。CD-ROMの詳細については、P3をご覧ください。
本書に収録されている内容は、あくまでもひとつの案です。
書式や内容などは、各園の子どもの発達の様子に合わせて変更してご活用ください。

CD-ROMの使い方

本CD-ROMは、保育計画や保育ドキュメンテーションを作る上で役に立つフォーマットや文書などを収録したデータ資料集です。パソコンソフトのExcel・Power Pointで作ることを想定して作られていますので、下記のポイントをご覧いただいた上でご使用ください。また、保育指針などの文書類はPDF形式で収録してありますので、プリントアウトしてご活用ください。

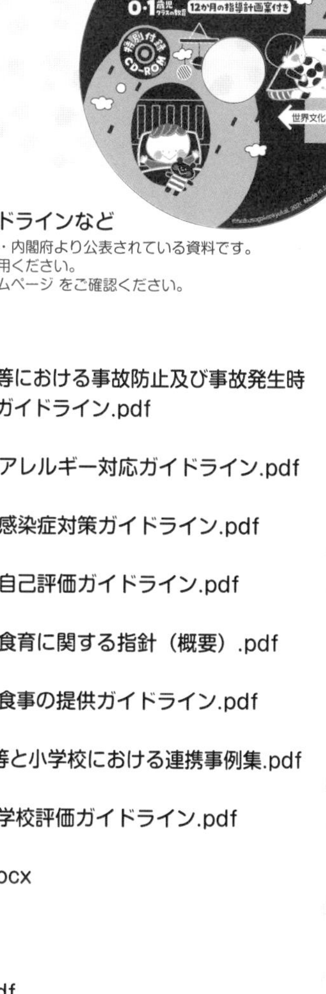

Point

■ご使用になりたいフォーマットを開き、ご自身のパソコンに保存してからご利用ください。
■フォーマットは一部を除いて文字が入っていますが、あくまでも一つの文例です。ご使用に際しては、内容を十分ご検討の上、園の方針に沿った文章を入力してください。園から発信される文章の内容については、各園の責任となることをご了承ください。

- 01_フォーマット0･1歳児
  内容をご検討の上、園の方針に沿った文章を入力してご使用ください。
  各フォーマットは、園の保育内容に合わせて変更してご利用ください。
  - _0･1歳児年間指導計画（案）フォーマット.xls
  - _1歳児月間指導計画（案）フォーマット.xls
  - 個別指導計画（案）
    - 個別指導計画（案）女児フォーマット.xlsx
    - 個別指導計画（案）男児フォーマット.xlsx
  - 保育ドキュメンテーション関連
    - _0･1歳児保育ドキュメンテーションフォーマット.pptx
    - _0･1歳児保育ドキュメントフォーマット.xlsx
    - _0･1歳児保育ドキュメントフォーマット（手書き用）.pdf
    - _0･1歳児保育プロジェクトフォーマット.xlsx
- 02_参考資料
  - 46細目
    - 幼児教育部会における審議の取りまとめ（報告）平成28年8月26日.pdf
  - 学校感染症の種類および出席停止期間.pdf
- 03_関連法・各種ガイドラインなど
  厚生労働省・文部科学省・内閣府より公表されている資料です。
  プリントアウトしてご活用ください。
  最新の情報は各省のホームページ をご確認ください。
  - 各種ガイドライン
    - 教育・保育施設等における事故防止及び事故発生時の対応のためのガイドライン.pdf
    - 保育所におけるアレルギー対応ガイドライン.pdf
    - 保育所における感染症対策ガイドライン.pdf
    - 保育所における自己評価ガイドライン.pdf
    - 保育所における食育に関する指針（概要）.pdf
    - 保育所における食事の提供ガイドライン.pdf
    - 保育所や幼稚園等と小学校における連携事例集.pdf
    - 幼稚園における学校評価ガイドライン.pdf
  - 学校保健安全法.docx
  - 食育基本法.pdf
  - 保育所保育指針.pdf
  - 幼稚園教育要領.pdf
  - 幼保連携型認定こども園教育・保育要領.pdf

2021年１月現在の資料です。

CD-ROMの動作環境について

CD-ROMをご利用いただくためには、以下のものが必要となりますので、あらかじめご確認ください。

●CD-ROMを読み込めるドライブが装備されたパソコン

◇動作確認済みOS／Windows 10

●アプリケーションソフト

◇Microsoft Word・Excel・Power Point（2011以降を推奨）　◇Adobe Acrobat Reader

※注意
本CD-ROMは原則としてWindowsを対象として作成しました。Macintosh MacOSXに関しては、同様のアプリケーションをご用意いただければ動作いたしますが、レイアウトが崩れる可能性などがあります。上記OS以外での使用についての動作保証はできません。また、アプリケーションの操作方法は、各アプリケーションソフトの説明書などをご参照ください。**アプリケーションソフトの操作方法についてのご質問にはお答えできませんので、あらかじめご了承ください。**

本書の使い方

本書は平成30年施行の新要領・指針の内容を最初に提示するとともに、0・1歳の発達及び「乳児期の3つの視点」「満1歳以上満3歳未満の5領域」を基にした指導計画を記しています。また、養護と教育のポイントを説明するとともに、それに沿った内容の保育ドキュメンテーションを提示しています。また、個別計画も指導計画と同様の内容で改定して掲載しました。各園独自の指導計画・保育ドキュメント・保育ドキュメンテーションの作成の一助として、表組みフォーマットなどを収録したCD-ROMもご活用ください。

発達の様子を知る

子どもの様子・特徴をとらえ、担当のクラスの状況をよく観察することが必要です。

保育計画

子どもの発達と保育内容を踏まえ、発達年齢別保育内容を作成した後、年・月・週・日の指導計画を作成します。

※指導計画の作成は、『新要領・指針サポートブック』（世界文化社刊）もあわせてご参照ください。

Plan 保育プロジェクト

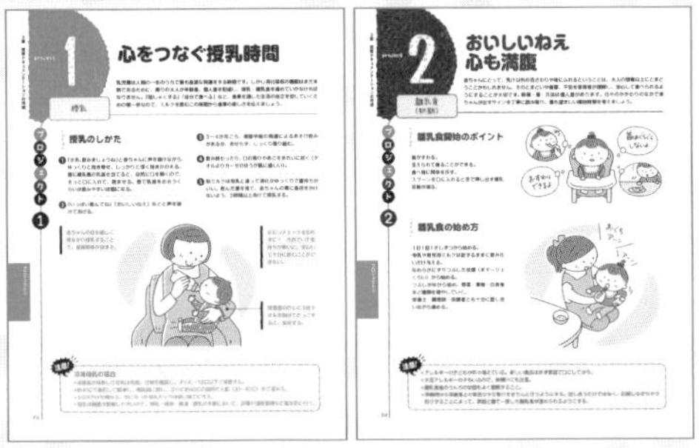

1 心をつなぐ授乳時間

2 おいしいねえ 心も満腹

保育計画に基づいた活動案

Do

Check 保育ドキュメント

泣いている子への授乳

5か月児 初めての離乳食

実践記録とアドバイス

Action 保育ドキュメンテーション

1 心をつなぐ授乳時間

2 おいしいねえ 心も満腹

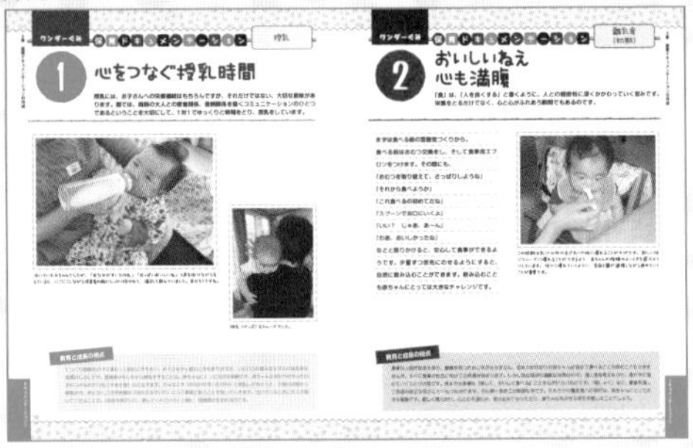

子どもの姿や教育的意味を明確化した保育の開示

ドキュメントと評価

子どもの様子を時系列で書き綴る（ドキュメント）は、意外と難しいものです。子どもの行動やその場面での出来事、子どもの発する言葉など、よくよく注意を払わないと記録に残すことはできません。しかしこの記録から見える保育のあり方や子どもの発達を振り返るうえで、保育ドキュメントは実に有効な手段です。保育の設定が適切であったか、子どもの活動に対し保育者の対応は適切であったか、子どもの言葉に返した保育者の言葉は適切なものになっていたかなど、保育ドキュメントからは、指導計画では表せないより細かな子どもの様子や現場の対応が見えてきます。自分の書いた保育ドキュメントに先輩や主任からアドバイスをもらうこともひとつの評価となり、保育の質の向上につながっていくことでしょう。

保育ドキュメンテーションのすすめ

要領・指針を基本に置き、教育課程及び全体的な計画から指導計画に続く「学び」を目に見える形にしたのが「保育ドキュメンテーション」です。ドキュメンテーションは子どもと保育者、そして保護者や地域を結び、保育を共有する手段のひとつです。例えば写真を入れた保育の記録作りは、可視化により保育者にとって自らの保育を再確認できるとともに、子どもの成長をより明確に認識できます。また保育者間の研修材料としても具体性に富み、より意味のあるものになります。さらに保護者向けに掲示することで、保育者が日々の保育にどのようなねらいと目的をもって子どもの成長を援助しているかが伝わり、同じ方を向いて子育てをすることができる「共育」の助けになります。あわせて地域への発信としても有効であり、乳幼児教育施設の役割をよりわかりやすく理解してもらう「協育」のツールにもなります。つまり、「共育・協育・教育」をしていくためにドキュメンテーションの取り組みはおすすめなのです。

ドキュメンテーションを通して活発なコミュニケーションを

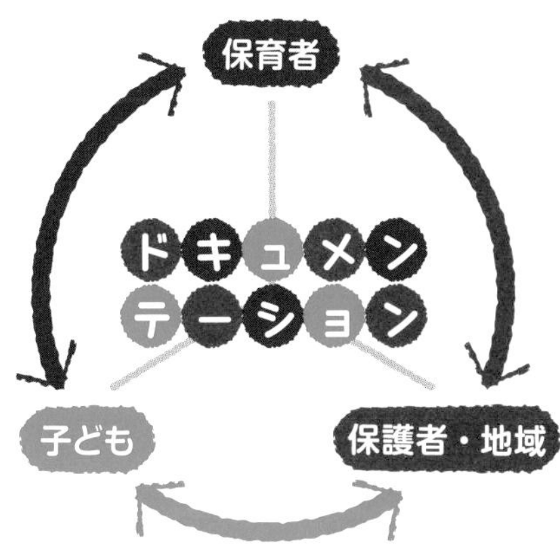

ドキュメンテーションには、保育のねらいやその経過、保育や子どもに対しての気づき、子どもの学びが見えてきます。またその日の保育だけではなく教育的視点や次の保育につながるヒント、子どもの発達への思いや流れが表示されます。見やすい画面構成と視覚に訴える写真は、保護者の興味を引き、保育に対して具体的な会話を展開し楽しむことができます。これは保護者の保育理解につながるだけでなく、子どもと一緒に写真を見ることは、子どもや保育者にとって、保育の追体験とあわせて学びの再確認ができることにもなります。もちろん、園内研修の教材として最高のコミュニケーションツールにもなり得るでしょう。

効果的な保育ドキュメンテーションの使い方

子ども	園	地域	保護者
ドキュメンテーションを作成した時点の保育の目的に沿った発達が、記録された子どもの行動や言葉から明確に見えると同時に、個人記録の作成上、写真から導き出される保育者の記憶をたどるのにも大きな助けになります。またドキュメンテーションの作成をくり返すことで、子どもの成長や発達の流れを保育者だけでなく子ども自身も見ることができるのも楽しいですね。	各クラスで作成したドキュメンテーションは、それぞれの保育を他のクラスにもわかりやすく見せることで、園の方針に沿った保育が行われているかが見えると同時に、園内研修や新任保育者の研修資料として大いに活用できるものになります。ドキュメンテーションが作成され続けることで、保育の歴史を語る園の素晴らしい資料にもなりますね。	各種行事や地域のイベントへの参加とは違い、日々の保育の中身はなかなか外には見えにくいものです。しかしこのドキュメンテーションは保育のねらいや子どものかかわりと成長が、保育者の教育的視点を含めて写真と一緒に提示され、地域にも幼児教育の理解が得られやすい形になっています。ただし、個人情報開示には十分注意が必要です。	連絡帳や朝夕の保護者との会話のなかでは伝えきれない保育と子どもの発達があります。保護者にとって保育の中身が見えないことは、保護者を信じているとはいえ不安要因のひとつです。保育がねらいに沿って行われ、子どもの成長が文章や写真で明確に見えることは保護者にとっても安心と喜びにつながります。ドキュメンテーションを提示することで、共に育てる意識をはぐくみましょう。

ドキュメンテーションとは

ドキュメンテーションとは

ドキュメンテーションということばの意味は、情報を収集して整理、体系化し記録を作成すること、または、文書化し可視化することです。これを保育におけるドキュメンテーションに当てはめると、保育や子どもに関する情報を集めて整理し、目的に合った形で様々に記録し、保育者・子ども・保護者に発信することです。

記録を取る際に重要なことは？

保育や子どもの成長を観察する際には、多くの子どもに当てはまる基礎的な評価とともに、個人差や個性を重視した記録、評価が必要です。そして何よりも保育ドキュメンテーションで重要なのは、その記録がだれが見てもわかりやすく、保育の専門家としての知識や意図が伝わる形になっていることです。

観察記録は保育にどう役立つ？

観察記録からは、子どもの考え方や認知過程（発達過程）を知ることができるといわれています。もちろん、保育者に認知過程（発達過程）を把握する観察力が備わっていることが求められますが、観察記録を他の保育者や保護者などと共有することで、一人では気付かなかったことに気付いたり、新しい発見をすることができるのです。

保育ドキュメンテーションはどう作る？

1. 指導計画からつながる「保育プロジェクト」（週案、日案）を作成します。保育のねらいや環境構成を明確にし、子どものどういう発達を目的としたかを説明できるようにしておきましょう。

2. 「保育プロジェクト」を実施する中で、子どもの言動や環境へのかかわり方をよく観察し、「保育ドキュメント」として時系列で記録します。これをもとに先輩保育者や主任、園長等から助言をもらいましょう。「子どもの言動や行動にひそんでいる発達」を見抜く力がついてきます。

3. 「保育プロジェクト」や「保育ドキュメント」に写真や文章を加え、子どもの学びや成長がわかりやすい「保育ドキュメンテーション」の形にまとめ、開示します。

おわりに

「保育ドキュメンテーション」を作成する一連の流れは、子どもの保育環境を豊かにし、保育者の観察力を育て、保育者・子ども・保護者間のコミュニケーションツールとなり、保護者と連携して子育てができる環境を形づくることになるでしょう。子どもの豊かな成長のために、そして保育の質の向上のために、発信のしかたをほんの少し工夫してみましょう。

育みたい資質・能力

乳幼児期にどんな資質・能力を育てたいのかを明確化したのが「育みたい資質・能力」です。「育みたい資質・能力」はいずれも指針・要領に示すねらい及び内容（５領域や乳児期の３つの視点）に基づく活動全体によって育まれ、園児の修了時・就学時の具体的な姿が「幼児期の終わりまでに育ってほしい姿」へとつながります。小学校への接続も意識して、小学校以降の育みたい資質・能力と揃え、学校教育の始まりとされています。

「育みたい資質・能力」の３本の柱

1 「知識及び技能の基礎」

豊かな体験を通じて、感じたり、気付いたり、分かったり、できるようになったりする。

2 「思考力・判断力・表現力等の基礎」

気付いたことや、できるようになったことなどを使い、考えたり、試したり、工夫したり、表現したりする。

3 「学びに向かう力、人間性等の基礎」

心情、意欲、態度が育つなかで、よりよい生活を営もうとする。

column コラム

非認知能力
（OECD 2015 社会情動的スキル）

「非認知能力」とは？

「認知能力」（知的学力、IQなど）以外の能力を指し、自己肯定感、自制・自律性、やり抜く力、目標に向かって頑張る力、他者の痛みを知る、コミュニケーション力、時間を守る、我慢する、などが挙げられます。

非認知能力

主体的・対話的・深い学びに繋ることはもちろん、予測できないほど大きく変わっていく今後の社会を生き抜くために必要とされ、乳幼児期に育てるべきものと言われています。保育者にも、子どもとの触れ合いや環境設定によって、非認知能力を育む役割が求められています。

column コラム

主体的・対話的で深い学び

学びの目的は？

子どもたちが生涯にわたり、能動的（アクティブ）に学び続ける姿勢を育むことが主体的・対話的で深い学びの目的であり、乳幼児期にそれらの土台の形成が求められている。

主体的な学び

周囲の環境に興味や関心を持って積極的に働きかけ、見通しを持って粘り強く取り組み、自らの遊びを振り返って、期待を持ちながら、次につなげる「主体的な学び」が実現できているか。

対話的な学び

他者との関わりを深める中で、自分の思いや考えを表現し、伝え合ったり、考えを出し合ったり、協力したりして自らの考えを広げ深める「対話的な学び」が実現できているか。

深い学び

直接的・具体的な体験の中で、「見方・考え方」を働かせて対象と関わって心を動かし、幼児なりのやり方やペースで試行錯誤を繰り返し、生活を意味あるものとしてとらえる「深い学び」が実現できているか。

乳児期の３つの視点

改正により、「乳児期」（保育所「乳児」）と「満１歳以上満３歳未満」（保育所「１歳以上３歳未満児」）に分けられ、それぞれの教育的な観点が明確になりました。乳児も考えることのできる存在であり、乳児期（０歳）での適切な関わりと発達の重要性が世界的にも認識されています。各施設ならではの環境を用意し心の安定を図ることは、他のものへの興味や好奇心の芽生えを促し、子どもたちの生涯の学びに向かう力となるでしょう。

point 身体的発達に関する視点

健やかに伸び伸びと育つ

健康な心と体を育て、自ら健康で安全な生活をつくり出す力の基盤を培う。

★ここでは身体的な視点から記されています。乳児期は、まず生理的欲求が満たされていることが育ちにおいてとても重要です。人間の本能として生理的欲求が満たされていなければその他への意欲は生まれません。保育者の愛情豊かな関わりの下、身体的にも精神的にも満たされることがこの時期の子どもには必要不可欠です。

★また、一生の間で目覚ましいほどの身体的発達を遂げる時期ですが、決して発達を急ぐのではなく、一人ひとりの発育状態を踏まえ保育者が専門性を持って関わることで、自ら体を動かす意欲が育ち、健康な心と体を育んでいくことができます。

point 社会的発達に関する視点

身近な人と気持ちが通じ合う

受容的・応答的な関わりの下で、何かを伝えようとする意欲や身近な大人との信頼関係を育て、人と関わる力の基盤を培う。

★ここでは社会的視点から記されています。人と関わる力、人間関係の充実はその人の人生を豊かにします。乳児期は人との信頼関係を育むスタートラインです。泣き声にも表情がついてきて、保育者はコミュニケーションの相手だと受け止められるようになります。笑う、泣くといった表情の変化や、体の動きなどで自分の欲求を表す力を乳児は持っています。このような乳児の欲求に周りの大人が積極的に関わることで、子どもとの間に愛着関係や情緒的絆（きずな）が形成されます。

point 精神的発達に関する視点

身近なものと関わり感性が育つ

身近な環境に興味や好奇心をもって関わり、感じたことや考えたことを表現する力の基盤を培う。

★ここでは精神的視点から記されています。生理的欲求が満たされ、保育者と情緒的絆が育まれてくると周囲への興味が生まれます。興味の対象は自分の手や足、手に触れた自分の髪の毛などから始まり、口の感覚を通して「これは何だ？」と確かめていきます。この行為は子どもが他のものへ興味を持ち始める大切な通過点です。寝返りをし、少しずつ体の自由を獲得すると、興味や行動の範囲も広がり探索活動が始まります。発達に適したおもちゃを用意することで、音、形、色、手触りなど様々な経験をすることができ、感覚が豊かになります。安全面や衛生面に十分に配慮し、子どもの探索意欲を育てる環境構成を心掛けます。また、危険なこともしっかりと子どもに伝えていきましょう。

満１歳以上満３歳未満の **５領域の記述**

満１歳以上満３歳未満（保育所「１歳以上３歳未満」）は、保育の「ねらい及び内容」を５領域で表します。この５領域のねらいにおいては、保育者の愛情豊かな応答的関わりが大切です。人としては未熟でも急速な発達段階にある子どもたちが、何かが「できる」ということではなく、成長の過程で必要とされる能力の発達が促されるように保育をすることが中心となります。

３つの視点から５領域への変容を考える

教育の領域にあたる乳児期の「３つの視点」は、満１歳から「５領域」に接続され、細かくそのねらいと内容、内容の取り扱いが示されています。
Ｐ８のpoint１「健やかに伸び伸びと育つ」は「健康」に、point２の「身近な人と気持ちが通じ合う」は「人間関係」「言葉」に、point３の「身近なものと関わり感性が育つ」は「環境」「表現」の領域にそれぞれひもづけられます。
その５領域も３つの視点と同様に、実際にはそれぞれすべてに関係性があり、たとえるとすれば五輪のシンボルマークの輪のようになっていると考えます。

クラスでの５領域のとらえ方 ～認定こども園と保育所での子どもの年齢と在籍クラスについて～

★０歳児クラスでは、乳児期の３つの視点、満１歳以上満３歳未満の５領域を、それぞれの月齢に応じ保育のねらい及び内容のなかで考えるようになっています。

★１歳児クラスでも３月生まれのように直前まで３つの視点の子どももいますが、多くの場合は５領域をもとに記述します。内容などをよく読み込んで、そのときの月齢に応じながら、保育環境を充実させて、子どもがたくさんのことを体験していけるように配慮したいものです。

	クラス	園児の年齢	ねらい及び内容 ◎乳児期の３つの視点 ●満１歳以上満３歳未満の５領域 ★満３歳以上の５領域
認定こども園	０歳児クラス	０歳～１歳11か月	◎乳児期の園児の保育に関する～
			●満１歳以上満３歳未満の園児の保育に関する～
	１歳児クラス	１歳～２歳11か月	●満１歳以上満３歳未満の園児の保育に関する～
	２歳児クラス	２歳～３歳11か月（満３歳）	●満１歳以上満３歳未満の園児の保育に関する～
			★満３歳以上の園児の教育及び保育に関する～
保育所	０歳児クラス	０歳～１歳11か月	◎乳児保育に関わる～
			●１歳以上３歳未満児の保育に関わる～
	１歳児クラス	１歳～２歳11か月	●１歳以上３歳未満児の保育に関わる～
	２歳児クラス	２歳～３歳11か月	●１歳以上３歳未満児の保育に関わる～

個別計画

施設や制度による違い

厳密に言うと、個別計画は保育所においては２歳児クラス修了時(その年度末の３月)までに対して、認定こども園は２歳児の満３歳前日までを指し(満３歳より学校教育による集団的な教育となります)、ここにも施設や制度によって違いがあります。

新たに３歳未満児の教育の視点が加わる

今回の要領・指針において、特に個別計画を作成するにあたっての大きな留意点は、これまで国が示していなかった3歳未満児の教育の視点が加わったことです。このことを各園で作成する個別計画の様式に加えることが大切です。

個別計画を立てる際の配慮事項

０・１歳児の発達は、月齢によってその違いが大きく、さらにその子どもによっても違いがみられます。その点を大事にすること。次に、養護の保育者が行う「生命の保持」、同じく養護の教育の前提でもある「情緒の安定」をきちんと図ること。これらに加え、０歳児クラスであれば「乳児の３つの視点」「満１歳児の５領域」の教育の視点を加味します。

忘れてならないのは、現行の家庭に対する支援とは、日々の連絡のやり取りだけではなく、保育者は家庭の子育てのパートナーであり、また、保護者に対して援助をすることができるということです。
児童福祉的であり教育的でもあること、保育所や幼稚園型などの認定こども園でもそれらに配慮して個別計画を立案していきましょう。

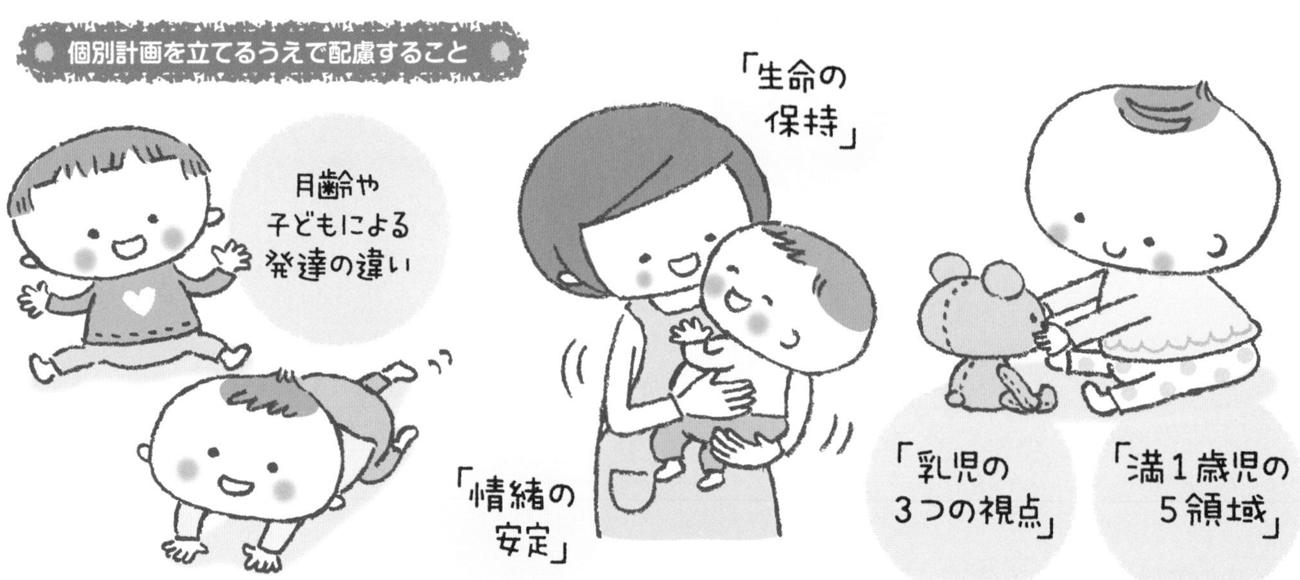

養護の位置付け

最重要基盤として総則に位置付け

認定こども園教育・保育要領では、「養護」を非常に重要な基盤として総則に位置付け、養護の十分に行き届いた環境のもとに教育があるという構成になっています。保育所保育指針でも、保育の原理を述べた第１章総則２に基本的事項として書かれています。

保育・教育の土台となるもの

保育における養護とは、子どもの生命の保持と情緒の安定を図るため保育者が行う援助や関わりであり、保育の根幹に位置するものと強調し、養護及び教育を一体的に行うことを基本としました。幼稚園教育要領には「養護」の記述はありませんが、逆に、書かれていなくても当たり前のこととして教育の土台（前提）として必須のものです。

愛着関係を確立し信頼関係を築く

発達過程にあった応答的な触れ合いやことばかけを通し、愛着関係の確立のもと、子どもとの継続的な信頼関係を築くことが教育の土台となります。

子育ての支援（認定こども園）・子育て支援（保育所）

すべての施設に子育て支援が求められる

要領・指針では、すべての施設が子育て支援を行うことと整理され、共に子どもの利益を最優先して行うことを前提に、園児の保護者に対する支援について記しています。

認定こども園は地域の子育て支援が責務に

加えて、認定こども園は地域の子育て世帯に対しての支援について責務があります。女性の就業率や共働き家庭の増加、虐待件数の増加など子育てをめぐる社会情勢の変化に伴い、既存の支援の内容にとどまらず、地域性や専門性を生かしながら各施設の子育て支援も変化していく必要があるでしょう。

共に子どもの育ちを見守るパートナーに

園と園児の保護者との関係については、共に喜びを感じあうパートナーとして、子どもの育ちを見守っていく関係を築いていくことが大切になってきます。地域の子育て家庭に対しては、子育ての支援が義務となっている認定こども園だけではなく、保育所や幼稚園も園の持つ地域性や専門性を生かし、地域貢献としての支援を行っていくことが求められています。今後は妊娠前や妊娠期から関わっていく広い意味での子育ての支援が必要になってくるでしょう。

「資質・能力」の育ちの一覧表（乳児から幼児期の終わりまで）

<table>
<tr><th colspan="2">幼保連携型認定こども園養護
【第1章第3-5 (1) と (2)】</th><th colspan="2">乳児期（三つの視点）
【第２章第１ねらい及び内容】</th><th>５領域</th><th>満１歳～満３歳未満（５領域）
【第２章第２ねらい及び内容】</th><th>満３歳以上（５領域）
【第２章第３ねらい及び内容】</th></tr>
<tr><td rowspan="3">生命の保持</td><td rowspan="3">・(生命の保持)
園児一人一人が、快適にかつ健康で安全に過ごせるようにするとともに、その生理的欲求が十分に満たされ、健康増進が積極的に図られるようにする。</td><td rowspan="2">健やかに伸び伸びと育つ</td><td rowspan="2">身体的発達／健やかに伸び伸びと育つ
[健康な心と体を育て、自ら健康で安全な生活をつくり出す力の基盤を培う。]
ねらい
(1) 身体感覚が育ち、快適な環境に心地よさを感じる。
(2) 伸び伸びと体を動かし、はう、歩くなどの運動をしようとする。
(3) 食事、睡眠等の生活のリズムの感覚が芽生える。
【健康】</td><td>健康</td><td>[健康な心と体を育て、自ら健康で安全な生活をつくり出す力を養う。]
ねらい
(1)明るく伸び伸びと生活し、自分から体を動かすことを楽しむ。
(2)自分の体を十分に動かし、様々な動きをしようとする。
(3)健康、安全な生活に必要な習慣に気付き、自分でしてみようとする気持ちが育つ。</td><td>[健康な心と体を育て、自ら健康で安全な生活をつくり出す力を養う。]
ねらい
(1)明るく伸び伸びと行動し、充実感を味わう。
(2)自分の体を十分に動かし、進んで運動しようとする。
(3)健康、安全な生活に必要な習慣や態度を身に付け、見通しをもって行動する。</td></tr>
<tr><td>人間関係</td><td>[他の人々と親しみ、支え合って生活するために、自立心を育て、人と関わる力を養う。]
ねらい
(1)幼保連携型認定こども園での生活を楽しみ、身近な人と関わる心地よさを感じる。
(2)周囲の園児等への興味・関心が高まり、関わりをもとうとする。
(3)幼保連携型認定こども園の生活の仕方に慣れ、きまりの大切さに気付く。</td><td>[他の人々と親しみ、支え合って生活するために、自立心を育て、人と関わる力を養う。]
ねらい
(1)幼保連携型認定こども園の生活を楽しみ、自分の力で行動することの充実感を味わう。
(2)身近な人と親しみ、関わりを深め、工夫したり、協力したりして一緒に活動する楽しさを味わい、愛情や信頼感をもつ。
(3)社会生活における望ましい習慣や態度を身に付ける。</td></tr>
<tr><td rowspan="2">身近な人と気持ちが通じ合う</td><td rowspan="2">社会的発達／身近な人と気持ちが通じ合う
[受容的・応答的関わりの下で、何かを伝えようとする意欲や身近な大人との信頼関係を育て、人と関わる力の基盤を培う。]
ねらい
(1) 安心できる関係の下で、身近な人と共に過ごす喜びを感じる。
(2) 体の動きや表情、発声等により、保育教諭等と気持ちを通わせようとする。
(3) 身近な人と親しみ、関わりを深め、愛情や信頼感が芽生える。
【人間関係】【言葉】</td><td>環境</td><td>[周囲の様々な環境に好奇心や探究心をもって関わり、それらを生活に取り入れていこうとする力を養う。]
ねらい
(1)身近な環境に親しみ、触れ合う中で、様々なものに興味や関心をもつ。
(2)様々なものに関わる中で、発見を楽しんだり、考えたりしようとする。
(3)見る、聞く、触るなどの経験を通して、感覚の働きを豊かにする。</td><td>[周囲の様々な環境に好奇心や探究心をもって関わり、それらを生活に取り入れていこうとする力を養う。]
ねらい
(1)身近な環境に親しみ、自然と触れ合う中で様々な事象に興味や関心をもつ。
(2)身近な環境に自分から関わり、発見を楽しんだり、考えたりし、それを生活に取り入れようとする。
(3)身近な事象を見たり、考えたり、扱ったりする中で、物の性質や数量、文字などに対する感覚を豊かにする。</td></tr>
<tr><td rowspan="2">情緒の安定</td><td rowspan="2">・(情緒の安定)
園児一人一人が安定感をもって過ごし、自分の気持ちを安心して表すことができるようにするとともに、周囲から主体として受け止められ主体として育ち、自分を肯定する気持ちが育まれていくようにし、くつろいで共に過ごし、心身の疲れが癒やされるようにする。</td><td>言葉</td><td>[経験したことや考えたことなどを自分なりの言葉で表現し、相手の話す言葉を聞こうとする意欲や態度を育て、言葉に対する感覚や言葉で表現する力を養う。]
ねらい
(1)言葉遊びや言葉で表現する楽しさを感じる。
(2)人の言葉や話などを聞き、自分でも思ったことを伝えようとする。
(3)絵本や物語等に親しむとともに、言葉のやり取りを通じて身近な人と気持ちを通わせる。</td><td>[経験したことや考えたことなどを自分なりの言葉で表現し、相手の話す言葉を聞こうとする意欲や態度を育て、言葉に対する感覚や言葉で表現する力を養う。]
ねらい
(1)自分の気持ちを言葉で表現する楽しさを味わう。
(2)人の言葉や話などをよく聞き、自分の経験したことや考えたことを話し、伝え合う喜びを味わう。
(3)日常生活に必要な言葉が分かるようになるとともに、絵本や物語などに親しみ、言葉に対する感覚を豊かにし、保育教諭等や友達と心を通わせる。</td></tr>
<tr><td>身近なものと関わり感性が育つ</td><td>精神的発達／身近なものと関わり感性が育つ
[身近な環境に興味や好奇心をもって関わり、感じたことや考えたことを表現する力の基盤を培う。]
ねらい
(1) 身の回りのものに親しみ、様々なものに興味や関心をもつ。
(2) 見る、触れる、探索するなど、身近な環境に自分から関わろうとする。
(3) 身体の諸感覚による認識が豊かになり、表情や手足、体の動き等で表現する。
【環境】【表現】</td><td>表現</td><td>[感じたことや考えたことを自分なりに表現することを通して、豊かな感性や表現する力を養い、創造性を豊かにする。]
ねらい
(1)身体の諸感覚の経験を豊かにし、様々な感覚を味わう。
(2)感じたことや考えたことなどを自分なりに表現しようとする。
(3)生活や遊びの様々な体験を通して、イメージや感性が豊かになる。</td><td>[感じたことや考えたことを自分なりに表現することを通して、豊かな感性や表現する力を養い、創造性を豊かにする。]
ねらい
(1)いろいろなものの美しさなどに対する豊かな感性をもつ。
(2)感じたことや考えたことを自分なりに表現して楽しむ。
(3)生活の中でイメージを豊かにし、様々な表現を楽しむ。</td></tr>
</table>

ねらいは教育及び保育において育みたい資質・能力を園児の生活する姿から捉えたもの／内容は、ねらいを達成するために指導する事項／各視点や領域は、この時期の発達の特徴を踏まえ、教育及び保育のねらい及び内容を乳幼児の発達の側面から、乳児は三つの視点として、幼児は五つの領域としてまとめ、示したもの／内容の取扱いは、園児の発達を踏まえた指導を行うに当たって留意すべき事項

参照:幼保連携型認定こども園教育・保育要領

<table>
<tr><th colspan="3">幼児期の終わりまでに育ってほしい姿　10項目
【第１章第１-３（3）】</th><th>付属CD
「46細目」
参照</th><th colspan="2">育みたい資質・能力
【第1章第１-３（1）】</th><th>小学校以上の
資質・能力</th></tr>
<tr><td>ア</td><td>健康な心と体
【健康】</td><td>幼保連携型認定こども園における生活の中で、充実感をもって自分のやりたいことに向かって心と体を十分に働かせ、見通しを持って行動し、自ら健康で安全な生活をつくり出すようになる。</td><td>8項</td><td rowspan="3">個別の「知識及び技能の基礎」</td><td rowspan="3">豊かな体験を通じて、感じたり、気付いたり、分かったり、できるようになったりする「知識及び技能の基礎」</td><td rowspan="3">何を理解しているか、何ができるか（生きて働く「知識・技能」の習得）</td></tr>
<tr><td>イ</td><td>自立心
【人間関係】</td><td>身近な環境に主体的に関わり様々な活動を楽しむ中で、しなければならないことを自覚し、自分の力で行うために考えたり、工夫したりしながら、諦めずにやり遂げることで達成感を味わい、自信をもって行動するようになる。</td><td>4項</td></tr>
<tr><td>ウ</td><td>協同性
【人間関係】</td><td>友達と関わる中で、互いの思いや考えなどを共有し、共通の目的の実現に向けて、考えたり、工夫したり、協力したりし、充実感をもってやり遂げるようになる。</td><td>4項</td></tr>
<tr><td>エ</td><td>道徳性・
規範意識の
芽生え
【人間関係】</td><td>友達と様々な体験を重ねる中で、してよいことや悪いことが分かり、自分の行動を振り返ったり、友達の気持ちに共感したりし、相手の立場に立って行動するようになる。また、きまりを守る必要性が分かり、自分の気持ちを調整し、友達と折り合いを付けながら、きまりをつくったり、守ったりするようになる。</td><td>5項</td><td rowspan="2">「思考力・判断力・表現力等の基礎」</td><td rowspan="2">気付いたことや、できるようになったことなどを使い、考えたり、試したり、工夫したり、表現したりする「思考力、判断力、表現力等の基礎」</td><td rowspan="2">理解していること・できることをどう使うか（未知の状況にも対応できる「思考力・判断力・表現力等」の育成）</td></tr>
<tr><td>オ</td><td>社会生活との
関わり
【人間関係】</td><td>家族を大切にしようとする気持ちをもつとともに、地域の身近な人と触れ合う中で、人との様々な関わり方に気付き、相手の気持ちを考えて関わり、自分が役に立つ喜びを感じ、地域に親しみをもつようになる。また、幼保連携型認定こども園内外の様々な環境に関わる中で、遊びや生活に必要な情報を取り入れ、情報に基づき判断したり、情報を伝え合ったり、活用したりするなど、情報を役立てながら活動するようになるとともに、公共の施設を大切に利用するなどして、社会とのつながりなどを意識するようになる。</td><td>6項</td></tr>
<tr><td>カ</td><td>思考力の
芽生え
【環境】</td><td>身近な事象に積極的に関わる中で、物の性質や仕組みなどを感じ取ったり、気付いたりし、考えたり、予想したり、工夫したりするなど、多様な関わりを楽しむようになる。また、友達の様々な考えに触れる中で、自分と異なる考えがあることに気付き、自ら判断したり、考え直したりするなど、新しい考えを生み出す喜びを味わいながら、自分の考えをよりよいものにするようになる。</td><td>6項</td><td>「学びに向かう力・人間性等」</td><td>心情、意欲、態度が育つ中で、よりよい生活を営もうとする「学びに向かう力、人間性等」</td><td>どのように社会・世界と関わり、よりよい人生を送るか（学びを人生や社会に生かそうとする「学びに向かう力・人間性等」の涵養）</td></tr>
<tr><td>キ</td><td>自然との
関わり・
生命尊重
【環境】</td><td>自然に触れて感動する体験を通して、自然の変化などを感じ取り、好奇心や探究心をもって考え言葉などで表現しながら、身近な事象への関心が高まるとともに、自然への愛情や畏敬の念をもつようになる。また、身近な動植物に心を動かされる中で、生命の不思議さや尊さに気付き、身近な動植物への接し方を考え、命あるものとしていたわり、大切にする気持ちをもって関わるようになる。</td><td>4項</td><td rowspan="4">小学校との接続関係</td><td rowspan="4">※小学校教育との接続に当たっての留意事項
イ　幼保連携型認定こども園の教育及び保育において育まれた資質・能力を踏まえ、小学校教育が円滑に行われるよう、小学校の教師との意見交換や合同の研究の機会などを設け、「幼児期の終わりまでに育ってほしい姿」を共有するなど連携を図り、幼保連携型認定こども園における教育及び保育と小学校教育との円滑な接続を図るよう努めるものとする。</td><td rowspan="4">※例1）小学校学習指導要領/第1章総則/第2教育課程の編成/4学校段階等間の接続
(1)　幼児期の終わりまでに育ってほしい姿を踏まえた指導を工夫することにより、幼稚園教育要領等に基づく幼児期の教育を通して育まれた資質・能力を踏まえて教育活動を実施し、児童が主体的に自己を発揮しながら学びに向かうことが可能となるようにすること。幼児期の教育及び中学年以降の教育との円滑な接続が図られるよう工夫すること。特に、小学校入学当初においては、幼児期において自発的な活動としての遊びを通して育まれてきたことが、各教科等における学習に円滑に接続されるよう、生活科を中心に、合科的・関連的な指導や弾力的な時間割の設定など、指導の工夫や指導計画の作成を行うこと。→スタートカリキュラムの位置付け</td></tr>
<tr><td>ク</td><td>数量や図形、
標識や文字
などへの
関心・感覚
【環境】</td><td>遊びや生活の中で、数量や図形、標識や文字などに親しむ体験を重ねたり、標識や文字の役割に気付いたりし、自らの必要感に基づきこれらを活用し、興味や関心、感覚をもつようになる。</td><td>2項</td></tr>
<tr><td>ケ</td><td>言葉による
伝え合い
【言葉】</td><td>保育教諭等や友達と心を通わせる中で、絵本や物語などに親しみながら、豊かな言葉や表現を身に付け、経験したことや考えたことなどを言葉で伝えたり、相手の話を注意して聞いたりし、言葉による伝え合いを楽しむようになる。</td><td>4項</td></tr>
<tr><td>コ</td><td>豊かな感性と
表現
【表現】</td><td>心を動かす出来事などに触れ感性を働かせる中で、様々な素材の特徴や表現の仕方などに気付き、感じたことや考えたことを自分で表現したり、友達同士で表現する過程を楽しんだりし、表現する喜びを味わい、意欲をもつようになる。</td><td>3項</td></tr>
</table>

各視点や領域に示すねらいは、こども園における生活の全体を通じ、園児が様々な体験を積み重ねる中で相互に関連をもちながら次第に達成に向かうもの／内容は、園児が環境に関わって展開する具体的な活動を通して総合的に指導されるものであることに留意／「幼児期の終わりまでに育ってほしい姿」が、ねらい及び内容に基づく活動全体を通して資質・能力が育まれている園児のこども園修了時の具体的な姿であることを踏まえ、指導を行う際に考慮する

乳児とは　6か月未満

0～2か月児の特徴

・抱かれて授乳をする。
・生理的な微笑をする。
・泣いたり声を出したりして、快・不快の状態を表す。
・1か月を過ぎるころから昼夜の区別がつき始める。
・顔の向きを変える。
・顔を見つめる。
・汚れの不快を感じる。

3～5か月児の特徴

・首がすわる。
・動く物を目で追う。
・手足を交差する、手足を口に持っていくなど、動きが活発になる。
・寝返りや腹ばいになってあそぶ。
・視線が合うことが増える。
・自らほほえむ。
・あやされて喜ぶ。
・聞き覚えのある声に反応する。
・あそんでもらうことを期待する。
・親指と手のひらで物をつかむ。
・手と足を使ってボールなどをつかもうとする。
・呼びかけに反応する。
・5か月を過ぎると離乳食前期に入り、どろどろの物を食べることができるようになる。
・スプーンや離乳食の味に慣れる。
・睡眠のリズムが整ってくる。

誕生後、乳児期は、心身両面において、短期間に著しい発育・発達が見られる時期です。生後早い時期から、周囲の人やものをじっと見つめたり、声や音がする方に顔を向けたりするなど、感覚を通して外界を認知し始めます。乳児期は主体として受け止められ、その欲求が受容される経験を積み重ねることによって育まれる特定の大人との信頼関係を基盤に、世界を広げ言葉を獲得し始めます。愛情に満ちた応答的な関わりが大切です。そのなかで身体的・社会的・精神的発達の基盤が培われていきます。

乳児期は生理的欲求が満たされていることが育ちにとても重要です。人間の本能として生理的欲求が満たされていなければその他への意欲は生まれません。保育者の愛情豊かな関わりのもと、身体的にも精神的にも満たされることがこの時期の子どもには必要不可欠なのです。

一生の間でめざましいほどの身体的な発達を遂げる時期ですが、決して発達を急ぐのではなく、一人ひとりの発育状態を踏まえ保育者が専門性を持って関わることで、自ら体を動かす意欲が育ち、健康な心と体を育んでいくことができます。この時期、身長や体重が増加し、著しい発育・発達が見られます。運動面に目を向けると、生後４か月ごろまでに首がすわり、５か月くらいからは目の前の物をつかもうとしたり、手を口に持っていったりと、手足の動きが活発になります。その後、寝返りができるようになり、腹ばいの姿勢を保つことができるようになります。また、胸を反らして顔や肩を上げ、手を出して物に触れたり、手や足などを使ってボールをつかもうとしたりと、自分の意思で体を動かせるようになってきます。

また、この時期の視覚や聴覚など感覚の発達は目覚ましく、生後１か月ごろは、母親の声に反応する程度だったのが、あやされると笑ったり、家族や保育者などの聞き覚えのある声に反応したりするようになります。また、声を掛けてあそんでもらうことを期待するようになります。大人の顔を見つめるだけだったのが、見回したり、周りで音や話し声がするとその方向を見たりするようになります。泣き声をあげるだけだったのが、泣き方で快・不快を訴えたり、「あーあー」など自ら声を発して喃語を言ったり、大人の語り掛けに反応したりするようになります。

生まれながらに備わっていた能力が、しだいに身体的・社会的・精神的な意味を持つようになっていきます。そこで子どもが示すさまざまな行動や欲求に、大人が適切に応えることが大切であり、これにより子どものなかに人に対する基本的信頼感が芽生えていきます。身近にいる特定の保育者が、応答的かつ積極的にかかわることで、保育者との間に情緒的な絆が形成され、愛着関係へと発展していくということを、意識して保育していくことが大切です。

乳児期の３つの視点

◎身体的発達に関する視点

「健やかに伸び伸びと育つ」～健康な心と体を育て、自ら健康で安全な生活をつくり出す力の基盤を培う

◎社会的発達に関する視点

「身近な人と気持ちが通じ合う」～受容的・応答的な関わりの下で、何かを伝えようとする意欲や身近な大人との信頼関係を育て、人と関わる力の基盤を培う

◎精神的発達に関する視点

「身近なものと関わり感性が育つ」～身近な環境に興味や好奇心をもって関わり、感じたことや考えたことを表現する力の基盤を培う

乳児とは　6か月～満1歳

6～10か月児の特徴

・うつ伏せで両腕を使って胸を上げて腹ばい、ずりばいをする。
・8か月ごろになるとお座りが安定し、座ったまま両手を使ってあそぶ。
・はいはいで移動することができる。
・高ばいをするようになる。
・つかまり立ちをするようになる。
・知らない人を区別するようになる。
・反復する音の喃語を発する。
・7か月ごろから離乳中期に移行し、食べ物に慣れてくる。
・9か月ごろ離乳後期へ移行する。
・知っている人が声を掛けるとほほえむ。
・人見知りが始まる。
・名前を呼ばれて反応する。
・簡単な言葉を理解する。
・決まった時間に寝るようになる。

11か月～満1歳児の特徴

・伝い歩きをするようになる。
・ひとりで立つことができるようになる。
・不安定ではあるが歩くことができる。
・手づかみで食べようとする。
・離乳完了期になる。
・スプーンを持ちたがり少しずつ自分で食べようとする。
・助けられながらコップで飲む。
・生活のリズムが一定になる。
・喃語と意味が一致してくる。
・身近なあそびを模倣することができる。
・1語文を話すことができる。
・欲しい物を指で差して示す。
・自己主張が強くなってくる。

この時期は、視覚、聴覚などの感覚や、座る、はう、歩くなどの運動機能が著しく発達し、特定の大人との応答的な関わりを通じて、情緒的な絆が形成されるなどの特徴があります。また乳児期に人としての基盤となるものが芽生え、それをどう培うのかが、その後の人間形成に大きく関わってきます。乳児も考えることのできる存在であり、心の安定が確保されてこそ、他のものへの興味や好奇心が芽生え、学びへ向かう力となり「生きる力」を育む大きな基盤となります。食事も離乳食の初期・中期・後期・完了期と進み幼児食へ移行します。

人と関わる力、人間関係の充実はその人の人生を豊かにしていきます。乳児期は人との信頼感を育むスタートラインでもあります。泣き声にも表情がついてきて、保育者はコミュニケーションの相手だと受け止められるようになります。笑う、泣くといった表情の変化や、体の動きなどで自分の欲求を表す力を乳児はもっています。乳児の欲求に周りの大人が積極的に関わることで、子どもとの間に愛着関係や情緒的絆が形成されます。

生理的欲求が満たされ、保育者と情緒的絆が育まれてくると周囲のものへ興味も生まれてきます。興味の対象は自分の手や足、手に触れた自分の髪の毛などから始まり、口の感覚を通して「これなんだ？」と確かめていきます。この行為は子どもが他のものへ興味をもち始める大切な通過点です。寝返りをし、少しずつ体の自由を獲得すると興味や行動の範囲も広がり探索活動が始まります。発達に即したおもちゃを用意することで、音、形、色、手触りなど様々な経験をすることができ感覚が豊かになります。安全面や衛生面に十分に配慮し、子どもの探索意欲を育てる環境構成を心がけます。また危険なこともしっかりと子どもに伝えていきましょう。この時期、子どもは座る・はう・立つ・伝い歩きを経てひとり歩きに至ります。特にひとり歩きによって、視野が広がり、自由に移動できる喜びを味わい、好奇心が旺盛になり、さまざまな刺激を受けて生活空間を広げていきます。また、特定の大人との信頼関係による安全を基盤にして、探索活動が活発になります。

６か月ごろには身近な人の顔がわかり、あやしてもらうと喜び、愛情をこめて受容的にかかわる大人とのやり取りを盛んに楽しみます。初めての人や知らない人に対しては、泣いたりして人見知りをするようになりますが、人見知りは、特定の大人との愛着関係が育まれているという証拠です。また、この時期は自分の意思や欲求を喃語や身振りなどで伝えようとします。それを身近な大人が言葉にして返して応答的にかかわることで、徐々に簡単な言葉の意味することがわかってくるとともに、やり取りを通してコミュニケーションが芽生えてきます。

子どもは、生活のなかで、応答的にかかわる大人と同じ物を見つめ、同じ物を共有することを通し、盛んに指差しをするようになり、物の名前や欲求の意味を徐々に理解していきます。やがて言葉となり、一語文になりますが、その一語のなかには子どものさまざまな思いが込められ、身近な大人との対話の基本となります。

また、この時期は離乳が開始され、母乳やミルクなどの乳汁栄養から、なめらかにすりつぶした状態の物へと、徐々に形のある食べ物を食べるようになります。徐々に食べ物に親しみながら、咀しゃくと嚥下をくり返し幼児食へと移行していきます。１歳を過ぎるころから自分で食べたいという意欲が芽生えてきて、食べ物に手を伸ばして食べるようになります。目で食べ物を確かめ手でつかみ口に運ぶという、手と目を協応させる力が発達してきたあかしともいえます。離乳食による栄養摂取は、生命を維持し、健康を保つためには欠かせませんが、ただ食べるだけではなく、楽しい雰囲気のなかで喜んで食べることも大切になってきます。

満1歳児とは 満1歳～1歳11か月

1歳4か月～1歳6か月児の特徴

・しゃがんだり、立ったりできるようになり、姿勢を保つ背筋が発達してくる。
・積み木などを積み重ねることができる。
・幼児食移行期になり、歯でかむ食べ方ができるようになる。
・自分でエプロンをつけようとしたり、手を拭いたりする。
・着替えに協力し、自分で脱ごうとする。
・自我が芽生えてきて自分の欲求が高まる（かみつきが出ることがある）。
・自分が普段してもらっていることを再現する。
・言葉や日常の動きを模倣してあそぶようになる。
・言われたことを理解するようになる。

1歳7か月～1歳11か月児の特徴

・容器のふたなどをひねって開けることができるようになる。
・シールを貼ったり、はがしたりする。
・歌に合わせて歩くことができる。
・遊具なども見たてたりして、さらに模倣あそびが盛んになる。
・言葉で欲求を伝えてくるようになる。
・おむつがぬれたことを知らせたり、排尿間隔が長くなる。
・おまるに座る練習をする。
・就寝のリズムが一定になる。
・自分の体の部位の名前や位置がわかってくる。
・友だちと同じあそびをする（平行あそび）。
・靴をはかせてもらう（自分で足を靴に入れたりして参加する）。

指針・要領には、発達の特徴を踏まえながら5領域「健康」「人間関係」「環境」「言葉」「表現」で示されています。子どもの発達は諸側面が密接に関連しあうものであるため、各領域のねらいは相互に結び付いているものであり、また内容は子どもの実際の生活とあそびにおいて総合的に展開されていきます。5つの領域に関わる保育の内容は、乳児期の子どもの保育の内容の3つの視点と満3歳以上の子どもの教育・保育の内容における5つの領域と連続することを意識し、この時期の子どもにふさわしい生活やあそびの充実が重要です。著しい発達の見られる時期ですが、その進み具合や諸側面のバランスは個人差が大きく、家庭環境も含めて、生まれてからの生活体験もそれぞれ異なります。生活やあそびの中心が、大人との関係から子ども同士の関係へと次第に移っていく時期でもあり、子ども一人ひとりに応じた発達への援助が大切です。

この時期は、歩き始めから、歩く、走る、跳ぶなどへと運動機能が発達し、排泄の自立のための身体機能も整うようになります。つまむ、めくるなどの指先の機能も発達し、食事、衣類の着脱なども、保育者の援助のもとで自分で行うようになります。発声も明瞭になり、語彙も増加し、自分の意思や欲求を言葉で表出できるようになり、自分でできることが増えてくる時期です。保育者は、子どもの生活の安定を図りながら、自分でしようとする気持ちを尊重し、愛情豊かに見守る応答的な関わりが必要です。

１歳児後半の子どもの発達の大きな特徴のひとつは、歩行の開始です。歩行の獲得は、自分の意思で自分の体を動かすことができ「自分でしたい」という欲求を生活のあらゆる場面で発揮していくことにつながります。ひとり歩きをするなかで、脚力やバランスが身につき、歩くことが安定することで自由に手が使え、その機能も発達してきます。さまざまな物を手に取り、指先を使いながらつまんだり、拾ったり、引っぱったり、物の出し入れや操作を何度もくり返したりします。また、絵本をめくり、クレヨンでなぐり描きを楽しみます。

応答的な大人とのかかわりによって、言葉で言い表せないことは、指差し、身ぶりなどで示し、大人がそれを言葉にして返していくことにより、子どもは言葉と認識していき、一語文から二語文へと言葉を獲得していきます。子どもは、体を使いながらさまざまな場面をイメージしてあそびます。それを遊具やおもちゃなどで見たててあそび、実際には目の前にない場面や事物を頭のなかで想像するという象徴機能の発達も、言葉の習得に大切な役割を果たします。

また、この時期は友だちや周囲の人への興味や関心が高まり、近くで大人と楽しそうにあそんでいる子どもの所へ近づいて行こうとします。他の子どものしぐさや行動をまねたり同じおもちゃを欲しがったりします。特に、日常的に接している子ども同士では、同じことをして楽しむかかわりや、追いかけっこをする姿が見られます。そのなかでおもちゃの取りあいをしたり相手に対して拒否したり、簡単な言葉で不満を訴えたりするようになります。しかし、うまく言葉が伝わらないとかみついたり、押したりという行動に出ることもあります。このような経験のなかで大人とのかかわりとは異なる子ども同士のかかわりが育まれてきます。

２歳になると、子どもは歩いたり、走ったり跳んだりなどの基本的な運動機能が伸び、自分の思うように体を動かすことができるようになります。また、指先の機能の発達により、紙をちぎったり、破いたり、貼ったり、なぐり描きをしたり、食事や衣服の着脱、排泄など身の回りのことを自分でしようとする意欲が出てきます。自分のしたいこと、してほしいことを言葉で表出するようになり、「……のつもり」「……のふり」など見たてあそびもするようになり、言葉もたくさん使うようになってきます。

自我も育ちます。そのなかで自己主張も強くなりますが、大人が積極的に受け止めていくことにより子どもが安心してつぎのステップへ進めるように見守っていくことが大切になってきます。

２歳の発達の特徴は、『改訂版 保育サポートブック２歳児クラスの教育』（世界文化社刊）でさらに詳しく書かれています。そちらを参考にしていただければ幸いです。

年間指導計画ポイント

年間指導計画は、1年間の子どもの生活や発達を見通して長期的な計画を作ります。子どもの人数、男女比、誕生月の構成、興味・関心のあり方などを踏まえて、子どもの実態をとらえて作成することが重要です。

1 保育目標

園の方針をもとに、1年間を通して子どもの成長と発達を見通した全体の目標を記載します。

2 ねらい

「保育目標」をもとに、各月齢において、子どもが身につけることが望まれる心情や態度を記載します。

3 養護

保育者が行うことが望まれる援助（養護）を「生命の保持」と「情緒の安定」の2つの視点に分けて記載します。

4 3つの視点

「ねらい」を達成するために展開する保育を、「健やかに伸び伸びと育つ」「身近な人と気持ちが通じ合う」「身近なものと関わり感性が育つ」の3つの視点に分け、子どもが獲得することが望まれる心情や態度を記載します。

20XX年度　ワンダー園　**0歳児年間指導計画案**

園長	主任	担当

保育目標	○食事睡眠等のリズムが[illegible]身ともにのびやかに過ごす　○応答的で安心できる関[illegible]身近な人と愛情や信頼関係を育む　○身近な環境に自ら関わり[illegible]物に興味・関心を持つ

年間区分		～9か月未満	9か月～12か月未満
ねらい		○新しい環境に慣れる　○[illegible]活リズムに合わせ、快適に過ごす　○保育教諭や[illegible]との関わりを喜び、安心できる環境の中で自分の欲[illegible]語などで表そうとする	○生活リズムが安定し、のびのびと園生活を過ごす　○受容的・応答的な関わりの中で言葉を発しようとする　○見る触れる探索する等、身の回りのものに親しみ、感覚を豊かにし、感じたことを表情や身体で表す
養護	生命	○一人一人の健康状態を把握し健康に過ごせるようにする　○少しずつ生活リズムを整え快適に過ごせるよ[illegible]る	○愛情豊かな受容により心地良く生活できるようにする　○清潔に過ごす心地良さが感じられるようにし、感染症や病気の予防に気を配る
養護	情緒	○親しみを込めた関わり[illegible]なスキンシップで信頼関係が築けるようにする　○信頼できる保育教諭との触れ合いの中で自分の欲求を安心して表せるようにする	○温かいやり取りと適切な応答で、自分の思いを十分に発揮し受け入れられている安心感を感じられるようにする　○愛情豊かな受容により自己肯定感が育まれるようにする
3つの視点	健やかに伸び伸びと育つ	○安心できる環境の中で体を動かして遊ぶ ○食事に対する欲求を受け止めてもらい、園での授乳や食事に少しずつ慣れる ○生理的欲求を受け止めてもらい、心地よく生活をする	○生理的・心理的欲求が満たされ、自ら体を動かそうとする ○オムツを外す開放感や排泄後、清潔になる心地良さを感じる
3つの視点	身近な人と気持ちが通じ合う	○身近な保育教諭に親しみを強くもち、同時に他の大人にも関[illegible]持つ　○声や表情、喃語で思いを表し[illegible]教諭に気持ちを受け止めてもらいな[illegible]よさを感じる ○特定の保育教諭と[illegible]かなやり取りやスキンシップを図り安心して過ごす	○応答的な触れ合いで身近な人と過ごす喜びを感じる ○温かいやり取りを通して信頼関係を育む ○保育教諭の語り掛けや発声などへの応答を通して発語や喃語を発する
3つの視点	身近なものと関わり感性が育つ	○身の回りの物や玩具に興味を持ち、好奇心を持って触れ楽しもうとする ○保育教諭との関わりを喜び、感情を全身で表現しようとする	○身近な物に親しみ、見たり触れたりして自分から関わろうとする ○歌やリズムに合わせて手足や体を動かすなど感じたことを表そうとする
食育		○食事に対する欲求を受け止めてもらい、園での授乳や食事[illegible]つ慣れる	○離乳食の完了期へと移行する中で様々な食品に触れ、食べることを楽しむ
健康・安全		○玩具等をこまめに消[illegible]て清潔に保ち、触ったり口に入れたりしな[illegible]を楽しめるようにする　○寝返り、お座[illegible]ハイなどによる危険を事前に予測し、安全に[illegible]ける空間を確保する	○個々の心身の状態をこまめに把握し、水分補給や休息などをそれぞれに合わせてとることで健康に過ごせるようにする　○つかまり立ちや歩行により視線や手が届く範囲が広がるため、物の配置に十分配慮する
環境設定		○園児のペースを[illegible]、欲求に合わせてゆったりとした環境[illegible] ○活動意欲を引き[illegible]な玩具を準備し、配慮を工夫したり、楽しく遊べるようにする	○自然や身近な物と関わる時間を持ち、探索を楽しめるようにする ○遊具などは常に清潔にし、興味や発達に合わせて数種類準備する
配慮事項		○甘えや不安・欲求[illegible]の都度受け止め、安定した気持ちで[illegible]ようにする ○園児の思いを汲[illegible]感し、言葉に置き換えて伝えることで喃語を引き出していく	○個々に合わせた丁寧な対応で安心して過ごせるようにし、成長を促す遊びを満足いくまで楽しめるようにする　○安定した関わりから言葉に興味や関心が芽生え、声に出して発しようとする意欲が育つようにする
保護者などへの支援		○連絡帳や送迎時のやり取[illegible]や家庭での様子を伝え合うことで共に子育てをし[illegible]が持てるようにする　○授乳の様子や離乳食の進[illegible]聞き取り、園での食事状態を伝えながら、家庭と同じような援助ができるようにする	○不安に思う事に丁寧に応え、こまめなやり取りで保護者の不安や戸惑いが和らぐようにする　○離乳食の完了に向け、家庭での様子やタイミングなどに丁寧に対応し、スムーズに移行できるようにする
保育教諭の自己評価		○家庭で過ごす時間と[illegible]で過ごす時間を一体的に捉え、個々に[illegible]眠や授乳、遊びの時間を設定しなが[illegible]るようにしたことで、無理なく園生活に馴染めるようになった	○個々に応じた受容的応答的なかかわりを心がけたことで、安心して身の回りの物や玩具に触れて遊びを楽しむようになったり、喃語や身振り手振りでいろいろなことを伝えようとするようになった

年間区分		1歳～1歳3か月未満	1歳3か月～2歳未満
ねらい		○自分で食べる喜びや楽しさを感じる　○身体の動きや表情、喃語等で意思や欲求を伝えようとする　○身体や手足を思いのまま動かすことに喜びを感じ、身の回りの物の音、色、形、手触りなどの感触を喜ぶ	○安定した情緒と活発な遊びから食事への意欲を高め、満ち足りた午睡で健康な生活リズムを整えていく　○自己を十分に発揮し言葉の理解ややり取りの楽しさを感じる　○指先を使う遊びを重ねる中で物を使って遊び込む楽しさを十分に味わう
養護	生命	○発達過程に応じた適切な生活リズムを整え、生理的欲求を満たし安定した生活が送れるようにする　○一人一人の健康状態を把握し、異変に素早く対応し重症化を防げるようにする	○一人一人の発達状態や既往症を把握し健康に過ごせるようにする　○適切な運動と休息に配慮し、身の回りを清潔にして過ごす心地良さを感じられるようにする
養護	情緒	○1対1の関わりを大事にし、様々な欲求に丁寧に応えることで安定して過ごせるようにする　○応答的な関わりから主体性を育み、意欲的に過ごせるようにする	○表情や仕草から気持ちを汲み取りゆったりとしたやり取りで安心して過ごせるようにする　○一人一人の在園時間や1日の生活リズムに応じた活動や休息を取り入れ、気持ちが安定して過ごせるようにする
教育（満1歳～3歳未満）	健康	○戸外や広い場所で自由に動き回る楽しさを味わう	○安定した生活リズムの中で身の周りの事を自分でやってみようとする　○走る跳ぶくぐるなど、身体を十分に使った遊びを楽しむ
教育（満1歳～3歳未満）	人間関係	○保育教諭との愛着関係から活動の幅を広げたり一緒に過ごす事を喜ぶ	○保育教諭を仲立ちとして友達や身近な人に興味を広げる
教育（満1歳～3歳未満）	環境	○身近な自然や物[illegible]様々な物を見たり触れたりして五感[illegible]しむ	○身近な自然や物に興味を持ち、指先や身体を使って進んで関わろうとする
教育（満1歳～3歳未満）	言葉	○安心できる保育教諭の言葉を注意深く聞いたり言葉を真似て発しようとしたりする	○保育教諭との温かなやり取りの中で盛んに言葉を発し、やり取りの楽しさを味わう
教育（満1歳～3歳未満）	表現	○絵本や音楽に親しみ感じたことを身体や言葉、表情で表す事を楽しむ　○クレヨンなどに興味を持ち、描くことや形になる事を喜ぶ	○歌を歌う楽しさや音楽に合わせて体を動かす楽しさを味わう　○様々な素材に興味を持ち、描いたり作ったりする事を楽しむ
食育		○離乳食の完了を迎え、スプーンや手づかみで自分で食べることを喜ぶ	○様々な食材に興味を持ち、スプーンやフォークを使って自分で食べる楽しさを十分に味わう
健康・安全		○食事の前後や戸外から戻った後など、手や口周りをきれいにする心地よさを知らせ、嫌がらずに衛生に関する活動が出来るようにする　○食事中は自分で食べていても目を離さず見守り、誤嚥や誤飲に十分配慮する	○十分に身体を動かして遊ぶことでしっかり食べ、十分に眠り、情緒も安定するように生活リズムを整えていく　○走ったり跳び下りたりすることが増え、気持ちと身体が連動しないこともあるため、安全な環境を確保しつつ、危険な行為に対しては言葉を添えて知らせていくようにする
環境設定		○落ち着ける場所の設定や1対1のゆったりとした温かいやり取りの時間を持つ ○衛生的で安全な物を準備し、自然物などにも時期を捉えて関わる場を作る	○物と言葉が一致する場面を捉え、園児の思いに共感し言葉を補ったり、言葉に換えて答えたりする　○一人一人の発達過程や興味を考慮した玩具を選び遊びの発展性を考えた配置をする
配慮事項		○園児の反応に優しく答え、思いをくみ取った関わりにより言葉や表情で伝わる楽しさや嬉しさを感じ、進んで表そうとする意欲を育んでいく　○園児が感じていることを見逃さず一緒に受け止め、言葉で意味付けし様々な感覚を感じられるようにする	○園児の思いを言葉に置き換えながら共感していく事でやり取りの楽しさを味わい、言葉を話そうとする意欲につなげていく　○探索活動が盛んになるよう適切な言葉掛けで発見や驚きが体験できるようにする
保護者などへの支援		○一定の生活リズムが形成されることの大切さを伝え、家庭事情も考慮しながら臨機応変に対応していく　○送り迎えの時間や面談の際に、おたよりや写真を利用して園児の成長を伝え、子育ての楽しさを伝えていく	○月齢を重ねる中で生じる危険や個人差などに対する悩みや不安を受け止め、個々に応じたアドバイスをする　○小さな成長も見逃さずに伝え、仕事をしながらの子育てに自信を持てるように援助する
保育教諭の自己評価		○十分に身体を動かすことが出来る環境を発達段階に合わせて設定することで、様々な動きを楽しませることが出来、その結果さらに発達を促すことが出来た	○発達段階に合わせた遊びを設定することで、物とのかかわりを十分に楽しませることが出来た。また、遊びの中で物の名前を知らせたり、一緒にやり取りを楽しむ事で、コミュニケーションの楽しさを味わわせることが出来た

5 教育

「ねらい」を達成するために展開する保育を、「健康」「人間関係」「環境」「言葉」「表現」の5領域に分け、子どもが獲得することが望まれる心情や態度を記載します。

6 食育

具体的な活動内容や環境設定を記載します。

7 健康・安全

子どもの健康保持のために行うこと、また、安全を確保するための環境設定や設備点検、配慮事項などについて、記載します。

8 環境設定

「ねらい」を達成するために、子どもが活動する際、どのような環境設定が必要か記載します。

9 配慮事項

特に問題となる点や情報を記載し、保育者間の共通理解を深めます。

10 保護者などへの支援

園から家庭へ、子どもの様子について伝えるとともに、園と家庭とで連携して進めたい事柄について記載します。

11 保育者の自己評価

指導計画をもとに行った保育や指導方法が適切であったかどうか、設定していた「ねらい」を達成できたか、また改善点などを記載し保育の質の向上を図ります。

※指導計画の作成は、『平成30年度施行　新要領・指針サポートブック』（世界文化社刊）もあわせてご参照ください。

1 保育目標

園の方針をもとに、1年間を通して子どもの成長と発達を見通した全体の目標を記載します。

2 ねらい

「保育目標」をもとに、各期において子どもが身につけることが望まれる心情や態度を記載します。

3 養護

保育者が行うことが望まれる援助（養護）を「生命の保持」と「情緒の安定」の2つの視点に分けて記載します。

4 教育

「ねらい」を達成するために展開する保育を、「健康」「人間関係」「環境」「言葉」「表現」の5領域に分け、子どもが獲得することが望まれる心情や態度を記載します。

20XX年度 ワンダー園　**1歳児年間指導計画案**

園長	主任	担当

区分		I期（4月～6月）	II期（7月～9月）	III期（10月～12月）	IV期（1月～3月）
保育目標		○保育教諭との信頼関係を築 ① 心感を持って園生活を送る ○探索活動を通して十分に ① するとともに、見る、聞く、話す、触れるなどの体験から人や周 ① への興味・関心を広げる			
年間区分		I期（4月～6月）	II期（7月～9月）	III期（10月～12月）	IV期（1月～3月）
ねらい		○新しい環境に慣れ、安心感を ② す ○身近な自然や玩具に触れたり、周囲の園児に興味・関心 ② 、少しずつ活動の範囲を広げていく ○十分に体を動かす心地よ ② ながら様々な運動遊びを楽しむ	○身の回りをきれいにすることの心地よさを感じたり、簡単なことを自分でしようとする ○様々な音や形、色、手触り、動き、味、香りなどに気づき、その面白さや心地よさを感じる ○言葉の楽しさを感じ、保育教諭とのやり取りを楽しむ	○保育教諭や友達の真似をして遊ぶ楽しさを味わう ○音楽やリズムに合わせて体を動かす楽しさを味わう ○イメージを膨らませながら遊びの中で簡単な言葉のやり取りを楽しむ	○身の回りのことや保健的なことに進んで取り組み、快適に過ごす ○友達への興味・関心を高め、進んで関わろうとする ○様々な素材に触れ、描いたり作ったりする喜びを味わう
養護	生命	○健康状態や発育及び発達の状態を的確に把握し、家庭と連絡を密に取りながら健康に過ごせるようにする ○清潔で安全な環境を整え、適切な援助や応答的な関わり ③ 園児の生理的欲求を満たす	○園児の発達の過程等に応じて、適度な運動と休息を取ることが出来るようにする ○食事、排泄、睡眠、衣服の着脱、身の回りを清潔にすることなどについて、園児が意欲的に出来るように援助する	○感染予防を心掛け保護者に適切な情報を伝えるとともに、保育室や衣類、寝具、遊具など、園児の周囲の環境を点検し、衛生的な環境を整える	○家庭との連携を密にし、園児の疾病に関する認識を深め、保健的な環境の維持及び向上に努める ○家庭と協力しながら、園児の発達の過程等に応じた適切な生活のリズムがつくられるようにする
	情緒	○一人一人の状態や発達の過 ③ 把握し、園児の欲求を適切に満たしながら、応答的な触れ合いや言葉がけを行う ○一人一人の気持ちを受容し、共感しながら、園児との継続的な信頼関係を築いていく	○活動内容のバランスや調和を図りながら、適切な食事や休息が取れるようにする ○保育教諭との信頼関係を基盤に、園児一人一人が主体的に活動出来るようにする	○保育教諭との温かなやり取りやスキンシップを積み重ねることにより、安定感を持って過ごせるようにする ○園児が自分への自信を獲得できるよう、肯定する気持ちを言葉や態度で伝えていく	○園児の欲求を適切に満たしながら、応答的な触れ合いや言葉がけを行う ○保育教諭との信頼関係を基盤に、自発性や探索意欲などを高めていく
教育	健康	○保育教諭の愛情豊かな受容の下、安定感をもって生活し、園生活のリズムを整える ○走る、跳ぶ、登る、押す、引っ張るなど全身を使う遊びを楽しむ	○身の回りのことを清潔に保つ心地よさを感じ、その習慣が少しずつ身に付く ○保育教諭の助けを借りながら、衣類の着脱を自分でしようとする ○全身を動かす遊びを活発に楽しむ	○保育教諭に援助をしてもらいながらうがいや手洗いを行う ○濡れているパンツを取り換えることを心地よいと感じる	○便器での排泄に慣れ、自分で排泄が出来るようになる ○室内外で十分に体を動かし、様々な動きのある遊びを楽しむ
	人間関係	○保育教諭や周囲の友達と安定した関係の中で、興味や親しみを持つ ○友達に興味を示し、同じ遊びをしたり、一緒に遊ぼうとしたりする	○生理的欲求や人とのかかわりに対する欲求などを満たし、充実感や満足感を持って過ごす ○友達の存在を意識し、関わろうとする	○生活や遊びの中で、周囲の園児や保育教諭の真似をしたり、ごっこ遊びを楽しんだりする ○玩具の譲り合いなど、園生活の決まりに触れながら過ごす	○友達への興味・関心を高め、友達と一緒に遊ぶことを喜ぶ ○保育教諭を仲立ちとして、好きな友達と関わって遊ぶ
	環境	○身近な玩具や絵本、遊具などに興味を持ち、それらを使った遊びを楽しむ ○戸外 ④ ○探索活動を通して、見る、聞く、触れる、嗅ぐ、味 ④ 感覚の働きを豊かにする	○秋の自然に親しみ、自然物や生き物に触れて楽しむ ○玩具や身の回りの物から、色や形、大きさや量に興味を持ち、見つけて楽しむ	○季節の行事や文化に触れ、その雰囲気を味わったり楽しんだりする ○雪を見たり触れたり歩いたりして興味を持つ	○自分の物と人の物の区別がつき、自分の物を大切に扱う ○身近にある色や形、大きさや量、数に興味を持ち進んで関わろうとする
	言葉	○生活に必要な簡単な言葉に気付き、聞き分ける ○生活や遊びの中で、日常の挨拶に応じたり、保育教諭を仲立ちとして言葉のやり取りを楽しんだりする	○保育教諭に名前を呼んでもらったり、友達同士で名前を呼びあったりし、言葉を交わす楽しい経験を重ねる	○絵本や紙芝居を楽しみ、簡単な言葉を繰り返したり、模倣したりして遊ぶ ○保育教諭の応答的な関わりや話しかけにより、簡単な言葉で思いを伝えようとする	○生活や遊びの中で、保育教諭の言葉や話を聞き、自分の思ったことを伝え、言葉のやりとりを楽しむ ○保育教諭とごっこ遊びをする中で、言葉のやり取りを楽しむ
	表現	○保育教諭と触れ合い遊びや簡単な手遊び、全身を使って表現する遊びを楽しむ ○水、砂、土、紙、粘土など様々な素材に触れ、感触の違いや形の変化を十分に楽しむ	○水や氷の感触を楽しみ、その心地よさを味わう ○様々な素材、玩具を使って見立て遊びを楽しみ、イメージを豊かにする	○音楽やリズムに合わせて体を動かすことを楽しむ ○楽器を鳴らすことを喜び、その音色を楽しむ	○イメージを広げ、ごっこ遊びや模倣遊びを保育教諭と一緒に楽しむ ○様々な素材に触れ、形や色、手触りなどの違いに気付いたり感じたりして楽しむ
食育		○スプーンやフォークな ⑤ 使い、自分で食べようとする ○様々な調理形 ⑤ れ、楽しい雰囲気で食べることが出来るように ⑤	○たくさん遊びおなかが空き、保育教諭や友達と一緒に食べることを喜ぶ ○食材に興味・関心を持ち、よく噛んで食べる	○正しいスプーンやフォークの持ち方、正しい姿勢の座り方で食事をする ○何でもバランスよく食べ、完食する喜びを味わう	○挨拶や簡単な食習慣を身に付け、保育教諭や友達と一緒に食事をすることを楽しむ
健康・安全		○生活リズムを整え、 ⑥ もに健康に過ごせるようにする ○園内外の ⑥ 確認し、十分に身体を使って遊べるようにする ⑥	○夏の暑さに負けないよう、活動の途中で水分補給や休息を適切にとる ○水遊びの際の衛生管理をしっかり行うとともに、遊びのルールを園児たちと一緒に確認して安全に遊べるようにする	○朝晩の気温差が激しくなるため、衣服の調整、室温の管理をしっかり行う ○雪遊びの後は玄関周辺が濡れ転倒しやすいため、事前にタオルを敷き、転倒を防ぐ	○年末年始の疲れにより生活リズムが崩れたり、冬の感染症による体調不良が出やすいため、体調の変化に十分気を付ける ○遊びが活発になってくるため、室内の環境設定や遊びの内容が発達に即したものであるか再検討する
環境設定		○保育室内や園外の安全を確 ⑦ して遊べるようにする ○色々な用具を組み合わせて設置し ⑦ を楽しめるようにする ○様々なことに興味を持てるよう、発 ⑦ た玩具や遊具を配置する	○絵本コーナーを設け、好きな絵本を保育教諭と一緒に楽しめるようにする ○リズムに合わせて体を動かす楽しさを感じられるように、園児が親しみやすい曲や動きを選ぶ	○園児が真似をしてみたいと思う遊びを発達に合わせて用意し、その中で言葉や物のやり取りを楽しめるようにする ○園児の発達段階や興味・関心を踏まえ、無理なく楽しんで身体を動かせる曲やリズムを遊びに取り入れる	○自然と友達と関われるような遊びや玩具を設定する ○様々な素材を準備し、触れることで興味を持って楽しめるようにする
配慮事項		○一人ひとりの発達や生活リズムを把握し、無理なく新しい環境に慣れるよ ⑧ ○園児の気持ちを受け止め、応答的な関わ ⑧ て信頼関係を築き、保育教諭との関わりを心地よいと感じられるようにする	○自分でしようという気持ちを大切にし、さりげない援助を心掛け、自分でできた満足感を感じられるようにする	○園児の興味や関心を見逃さず、言葉を意識して関わることで、話す楽しさが味わえるようにする ○体を動かす楽しさを十分に味わえるよう、保育教諭も一緒に動いたり声をかけたりしながら雰囲気を盛り上げるようにする	○できたことをたくさん褒め、自信や意欲につなげていく ○友達との言葉のやり取りを仲立ちし、一緒に遊ぶ楽しさを感じられるようにする
保護者などへの支援		○連絡帳や送迎時に様子を伝 ⑨ や気になる事に対して丁寧に対応をし、信頼関係を築いて ⑨ 心身ともに健康に過ごせるよう状態を伝え合い、異常があると ⑨ 早めの対応が出来るようにする	○成長の過程を共感し、自我の芽生えは成長の大切な一つであることを伝えていき、保護者の思いや不安に対応していく	○トイレトレーニングや食事の進め方など、家庭と直結しやすいことについてこまめに連絡を取り合い、保護者が安心して焦らずに進められるように援助する	○一年間の成長を共に喜び、子育ての喜びや楽しさに繋げられるようにする ○進級に向けての不安や質問には丁寧に答え、安心できるようにする
行事		入園式・始業式・給食 ⑩ ・保育参観・運動会・内科健診・歯科検診 ⑩ 対応訓練・避難訓練・安全教室・ ⑩ 会（毎月実施）	夏祭り・プール開き・プール納め・祖父母参観・遠足・不審者対応訓練・総合安全教室	内科健診・歯科検診・ハロウィンパーティー・お遊戯会・クリスマス会・もちつき会	作品展・豆まき会・ひな祭り会・卒園児を送る会・卒園式・修了式・総合不審者対応訓練
保育教諭の自己評価		○個々の園児の生活リズ ⑪ に配慮しながら保育を進めたことで、心身とも ⑪ 的に過ごすことが出来、無理なく色々なことに ⑪ 持たせることが出来た。	○様々な場面でしっかりと園児と向き合い、分かりやすい言葉をかけたり適切に援助したり見守ったりしたことで、落ち着いて遊びや身の回りのことに取り組むことが出来ていた。	○遊びの中で園児の反応を見逃さずに言葉をかけたり、必要に応じてかかわり方を変えたことで、今の発達段階に合った活動を展開することが出来た。	○出来たときにはたくさん褒めること、一生懸命やっている姿を認めることで自信を持ち、遊びや生活において意欲的に活動することが出来た。自信や意欲が活動の幅を広げ、探索活動を存分に楽しむ姿が見られた。

5 食育

具体的な活動内容や環境設定を記載します。

6 健康・安全

子どもの健康保持のために行うこと、また、安全を確保するための環境設定や設備点検、配慮事項などについて、記載します。

7 環境設定

「ねらい」を達成するために、子どもが活動する際、どのような環境設定が必要か記載します。

8 配慮事項

特に問題となる点や情報を記載し、保育者間の共通理解を深めます。

9 保護者などへの支援

園から家庭へ、子どもの様子について伝えるとともに、園と家庭とで連携して進めたい事柄について記載します。

10 行事

入園式や運動会など園全体で行うものや、クラス単位で行うもの、すべてを記載します。

11 保育者の自己評価

指導計画をもとに行った保育や指導方法が適切であったかどうか、設定していた「ねらい」を達成できたか、また改善点などを記載し保育の質の向上を図ります。

※本書の指導計画は認定こども園での一例です。

園長	主任	担当

20XX年度 ワンダー園　0歳児年間指導計画案

保育目標	○食事睡眠等のリズムが安定し、心身ともにのびやかに過ごす ○応答的で安心できる関係のもと、身近な人と愛情や信頼関係を育む ○身近な環境に自ら関わり様々な物に興味・関心を持つ

年間区分		～9か月未満	9か月～12か月未満
ねらい		○新しい環境に慣れる　○個々の生活リズムに合わせ、快適に過ごす　○保育教諭や他の園児との関わりを喜び、安心できる環境の中で自分の欲求を喃語などで表そうとする	○生活リズムが安定し、のびのびと園生活を過ごす　○受容的・応答的な関わりの中で言葉を発しようとする　○見る触れる探索する等、身の回りのものに親しみ、感覚を豊かにし、感じたことを表情や身体で表す
養護	生命	○一人一人の健康状態を把握し健康に過ごせるようにする　○少しずつ生活リズムを整え快適に過ごせるようにする	○愛情豊かな受容により心地良く生活できるようにする　○清潔に過ごす心地良さが感じられるようにし、感染症や病気の予防に気を配る
養護	情緒	○親しみを込めた関わりや十分なスキンシップで信頼関係が築けるようにする　○信頼できる保育教諭との触れ合いの中で自分の欲求を安心して表せるようにする	○温かいやり取りと適切な応答で、自分の思いを十分に発揮し受け入れられている安心感を感じられるようにする ○愛情豊かな受容により自己肯定感が育まれるようにする
3つの視点	健やかに伸び伸びと育つ	○安心できる環境の中で体を動かして遊ぶ ○食事に対する欲求を受け止めてもらい、園での授乳や食事に少しずつ慣れる ○生理的欲求を受け止めてもらい、心地よく生活をする	○生理的・心理的欲求が満たされ、自ら体を動かそうとする ○オムツを外す開放感や排泄後、清潔になる心地良さを感じる
3つの視点	身近な人と気持ちが通じ合う	○身近な保育教諭に親しみを強くもち、同時に他の大人にも関心を持つ　○声や表情、喃語で思いを表し、保育教諭に気持ちを受け止めてもらいながら心地よさを感じる ○特定の保育教諭と温かなやり取りやスキンシップを図り安心して過ごす	○応答的な触れ合いで身近な人と過ごす喜びを感じる ○温かいやり取りを通して信頼関係を育む ○保育教諭の語り掛けや発声などへの応答を通して発語や喃語を発する
3つの視点	身近なものと関わり感性が育つ	○身の回りの物や玩具に興味を持ち、好奇心を持って触れ楽しもうとする ○保育教諭との関わりを喜び、感情を全身で表現しようとする	○身近な物に親しみ、見たり触れたりして自分から関わろうとする ○歌やリズムに合わせて手足や体を動かすなど感じたことを表そうとする
食育		○食事に対する欲求を受け止めてもらい、園での授乳や食事に少しずつ慣れる	○離乳食の完了期へと移行する中で様々な食品に触れ、食べることを楽しむ
健康・安全		○玩具等をこまめに消毒して清潔に保ち、触ったり口に入れたりしながら遊びを楽しめるようにする　○寝返り、お座り、ハイハイなどによる危険を事前に予測し、安全に動ける空間を確保する	○個々の心身の状態をこまめに把握し、水分補給や休息などをそれぞれに合わせてとることで健康に過ごせるようにする　○つかまり立ちや歩行により視線や手が届く範囲が広がるため、物の配置に十分配慮する
環境設定		○園児のペースを尊重し、欲求に合わせてゆったりとした環境を作る ○活動意欲を引き出すような玩具を準備し、配慮を工夫したり、楽しく遊べるようにする	○自然や身近な物と関わる時間を持ち、探索を楽しめるようにする ○遊具などは常に清潔にし、興味や発達に合わせて数種類準備する
配慮事項		○甘えや不安・欲求をその都度受け止め、安定した気持ちで過ごせるようにする ○園児の思いを汲みとり共感し、言葉に置き換えて伝えることで喃語を引き出していく	○個々に合わせた丁寧な対応で安心して過ごせるようにし、成長を促す遊びを満足いくまで楽しめるようにする　○安定した関わりから言葉に興味や関心が芽生え、声に出して発しようとする意欲が育つようにする
保護者などへの支援		○連絡帳や送迎時のやり取りで園や家庭での様子を伝え合うことで共に子育てをしていく思いが持てるようにする　○授乳の様子や離乳食の進み具合を聞き取り、園での食事状態を伝えながら、家庭と同じような援助ができるようにする	○不安に思う事に丁寧に応え、こまめなやり取りで保護者の不安や戸惑いが和らぐようにする　○離乳食の完了に向け、家庭での様子やタイミングなどに丁寧に対応し、スムーズに移行できるようにする
保育教諭の自己評価		○家庭で過ごす時間と園で過ごす時間を一体的に捉え、個々に応じて睡眠や授乳、遊びの時間を設定しながら過ごせるようにしたことで、無理なく園生活に馴染めるようになった	○個々に応じた受容的応答的なかかわりを心がけたことで、安心して身の回りの物や玩具に触れて遊びを楽しむようになったり、喃語や身振り手振りでいろいろなことを伝えようとするようになった

年間区分		1歳～1歳3か月未満	1歳3か月～2歳未満
ねらい		○自分で食べる喜びや楽しさを感じる　○身体の動きや表情、喃語等で意思や欲求を伝えようとする　○身体や手足を思いのまま動かすことに喜びを感じ、身の回りの物の音、色、形、手触りなどの感触を喜ぶ	○安定した情緒と活発な遊びから食事への意欲を高め、満ち足りた午睡で健康な生活リズムを整えていく　○自己を十分に発揮し言葉の理解ややり取りの楽しさを感じる　○指先を使う遊びを重ねる中で物を使って遊び込む楽しさを十分に味わう
養護	生命	○発達過程に応じた適切な生活リズムを整え、生理的欲求を満たし安定した生活が送れるようにする　○一人一人の健康状態を把握し、異変に素早く対応し重症化を防げるようにする	○一人一人の発達状態や既往症を把握し健康に過ごせるようにする　○適切な運動と休息に配慮し、身の回りを清潔にして過ごす心地良さを感じられるようにする
養護	情緒	○1対1の関わりを大事にし、様々な欲求に丁寧に応えることで安定して過ごせるようにする　○応答的な関わりから主体性を育み、意欲的に過ごせるようにする	○表情や仕草から気持ちを汲み取りゆったりとしたやり取りで安心して過ごせるようにする　○一人一人の在園時間や1日の生活リズムに応じた活動や休息を取り入れ、気持ちが安定して過ごせるようにする
教育（満1歳～3歳未満）	健康	○戸外や広い場所で自由に動き回る楽しさを味わう	○安定した生活リズムの中で身の周りの事を自分でやってみようとする　○走る跳ぶくぐるなど、身体を十分に使った遊びを楽しむ
教育（満1歳～3歳未満）	人間関係	○保育教諭との愛着関係から活動の幅を広げたり一緒に過ごす事を喜ぶ	○保育教諭を仲立ちとして友達や身近な人に興味を広げる
教育（満1歳～3歳未満）	環境	○身近な自然や物と接し、様々な物を見たり触れたりして五感で感じ楽しむ	○身近な自然や物に興味を持ち、指先や身体を使って進んで関わろうとする
教育（満1歳～3歳未満）	言葉	○安心できる保育教諭の言葉を注意深く聞いたり言葉を真似て発しようとしたりする	○保育教諭との温かなやり取りの中で盛んに言葉を発し、やり取りの楽しさを味わう
教育（満1歳～3歳未満）	表現	○絵本や音楽に親しみ感じたことを身体や言葉、表情で表す事を楽しむ　○クレヨンなどに興味を持ち、描くことや形になる事を喜ぶ	○歌を歌う楽しさや音楽に合わせて体を動かす楽しさを味わう　○様々な素材に興味を持ち、描いたり作ったりする事を楽しむ
食育		○離乳食の完了を迎え、スプーンや手づかみで自分で食べることを喜ぶ	○様々な食材に興味を持ち、スプーンやフォークを使って自分で食べる楽しさを十分に味わう
健康・安全		○食事の前後や戸外から戻った後など、手や口周りをきれいにする心地よさを知らせ、嫌がらずに衛生に関する活動が出来るようにする　○食事中は自分で食べていても目を離さず見守り、誤嚥や誤飲に十分配慮する	○十分に身体を動かして遊ぶことでしっかり食べ、十分に眠り、情緒も安定するように生活リズムを整えていく　○走ったり跳び下りたりすることが増え、気持ちと身体が連動しないこともあるため、安全な環境を確保しつつ、危険な行為に対しては言葉を添えて知らせていくようにする
環境設定		○落ち着ける場所の設定や1対1のゆったりとした温かいやり取りの時間を持つ ○衛生的で安全な物を準備し、自然物などにも時期を捉えて関わる場を作る	○物と言葉が一致する場面を捉え、園児の思いに共感し言葉を補ったり、言葉に換えて答えたりする　○一人一人の発達過程や興味を考慮した玩具を選び遊びの発展性を考えた配置をする
配慮事項		○園児の反応に優しく答え、思いをくみ取った関わりにより言葉や表情で伝わる楽しさや嬉しさを感じ、進んで表そうとする意欲を育んでいく　○園児が感じていることを見逃さず一緒に受け止め、言葉で意味付けし様々な感覚を感じられるようにする	○園児の思いを言葉に置き換えながら共感していく事でやり取りの楽しさを味わい、言葉を話そうとする意欲につなげていく　○探索活動が盛んになるよう適切な言葉掛けで発見や驚きが体験できるようにする
保護者などへの支援		○一定の生活リズムが形成されることの大切さを伝え、家庭事情も考慮しながら臨機応変に対応していく　○送り迎えの時間や面談の際に、おたよりや写真を利用して園児の成長を伝え、子育ての楽しさを伝えていく	○月齢を重ねる中で生じる危険や個人差などに対する悩みや不安を受け止め、個々に応じたアドバイスをする　○小さな成長も見逃さずに伝え、仕事をしながらの子育てに自信を持てるように援助する
保育教諭の自己評価		○十分に身体を動かすことが出来る環境を発達段階に合わせて設定することで、様々な動きを楽しませることが出来、その結果さらに発達を促すことが出来た	○発達段階に合わせた遊びを設定することで、物とのかかわりを十分に楽しませることが出来た。また、遊びの中で物の名前を知らせたり、一緒にやり取りを楽しむ事で、コミュニケーションの楽しさを味わわせることが出来た

20XX年度 ワンダー園　1歳児年間指導計画案

園長	主任	担当

保育目標	
	○保育教諭との信頼関係を基に、安心感を持って園生活を送る ○探索活動を通して十分に体を動かすとともに、見る、聞く、話す、触れるなどの体験から人や周囲の物への興味・関心を広げる

年間区分		Ⅰ期（4月～6月）	Ⅱ期（7月～9月）	Ⅲ期（10月～12月）	Ⅳ期（1月～3月）
ねらい		○新しい環境に慣れ、安心感を持って過ごす ○身近な自然や玩具に触れたり、周囲の園児に興味・関心を持ったりし、少しずつ活動の範囲を広げていく ○十分に体を動かす心地よさを感じながら様々な運動遊びを楽しむ	○身の回りをきれいにすることの心地よさを感じたり、簡単なことを自分でしようとする ○様々な音や形、色、手触り、動き、味、香りなどに気づき、その面白さや心地よさを感じる ○言葉の楽しさを感じ、保育教諭とのやり取りを楽しむ	○保育教諭や友達の真似をして遊ぶ楽しさを味わう ○音楽やリズムに合わせて体を動かす楽しさを味わう ○イメージを膨らませながら遊びの中で簡単な言葉のやり取りを楽しむ	○身の回りのことや保健的なことに進んで取り組み、快適に過ごす ○友達への興味・関心を高め、進んで関わろうとする ○様々な素材に触れ、描いたり作ったりする喜びを味わう
養護	生命	○健康状態や発育及び発達の状態を的確に把握し、家庭と連絡を密に取りながら健康に過ごせるようにする ○清潔で安全な環境を整え、適切な援助や応答的な関わりを通して、園児の生理的欲求を満たす	○園児の発達の過程等に応じて、適度な運動と休息を取ることが出来るようにする ○食事、排泄、睡眠、衣服の着脱、身の回りを清潔にすることなどについて、園児が意欲的に出来るように援助する	○感染予防を心掛け保護者に適切な情報を伝えるとともに、保育室や衣類、寝具、遊具など、園児の周囲の環境を点検し、衛生的な環境を整える	○家庭との連携を密にし、園児の疾病に関する認識を深め、保健的な環境の維持及び向上に努める ○家庭と協力しながら、園児の発達の過程等に応じた適切な生活のリズムがつくられるようにする
	情緒	○一人一人の状態や発達の過程などを把握し、園児の欲求を適切に満たしながら、応答的な触れ合いや言葉がけを行う ○一人一人の気持ちを受容し、共感しながら、園児との継続的な信頼関係を築いていく	○活動内容のバランスや調和を図りながら、適切な食事や休息が取れるようにする ○保育教諭との信頼関係を基盤に、園児一人一人が主体的に活動出来るようにする	○保育教諭との温かなやり取りやスキンシップを積み重ねることにより、安定感を持って過ごせるようにする ○園児が自分への自信を獲得できるよう、肯定する気持ちを言葉や態度で伝えていく	○園児の欲求を適切に満たしながら、応答的な触れ合いや言葉がけを行う ○保育教諭との信頼関係を基盤に、自発性や探索意欲などを高めていく
教育	健康	○保育教諭の愛情豊かな受容の下、安定感をもって生活し、園生活のリズムを整える ○走る、跳ぶ、登る、押す、引っ張るなど全身を使う遊びを楽しむ	○身の回りのことを清潔に保つ心地よさを感じ、その習慣が少しずつ身に付く ○保育教諭の助けを借りながら、衣類の着脱を自分でしようとする ○全身を動かす遊びを活発に楽しむ	○保育教諭に援助をしてもらいながらうがいや手洗いを行う ○濡れているパンツを取り換えることを心地よいと感じる	○便器での排泄に慣れ、自分で排泄が出来るようになる ○室内外で十分に体を動かし、様々な動きのある遊びを楽しむ
	人間関係	○保育教諭や周囲の友達と安定した関係の中で、興味や親しみを持つ ○友達に興味を示し、同じ遊びをしたり、一緒に遊ぼうとしたりする	○生理的欲求や人とのかかわりに対する欲求などを満たし、充実感や満足感を持って過ごす ○友達の存在を意識し、関わろうとする	○生活や遊びの中で、周囲の園児や保育教諭の真似をしたり、ごっこ遊びを楽しんだりする ○玩具の譲り合いなど、園生活の決まりに触れながら過ごす	○友達への興味・関心を高め、友達と一緒に遊ぶことを喜ぶ ○保育教諭を仲立ちとして、好きな友達と関わって遊ぶ
	環境	○身近な玩具や絵本、遊具などに興味を持ち、それらを使った遊びを楽しむ ○戸外散歩などの探索活動を通して、見る、聞く、触れる、嗅ぐ、味わうなどの感覚の働きを豊かにする	○秋の自然に親しみ、自然物や生き物に触れて楽しむ ○玩具や身の回りの物から、色や形、大きさや量に興味を持ち、見つけて楽しむ	○季節の行事や文化に触れ、その雰囲気を味わったり楽しんだりする ○雪を見たり触れたり歩いたりして興味を持つ	○自分の物と人の物の区別がつき、自分の物を大切に扱う ○身近にある色や形、大きさや量、数に興味を持ち進んで関わろうとする
	言葉	○生活に必要な簡単な言葉に気付き、聞き分ける ○生活や遊びの中で、日常の挨拶に応じたり、保育教諭を仲立ちとして言葉のやり取りを楽しんだりする	○保育教諭に名前を呼んでもらったり、友達同士で名前を呼びあったりし、言葉を交わす楽しい経験を重ねる	○絵本や紙芝居を楽しみ、簡単な言葉を繰り返したり、模倣したりして遊ぶ ○保育教諭の応答的な関わりや話しかけにより、簡単な言葉で思いを伝えようとする	○生活や遊びの中で、保育教諭の言葉や話を聞き、自分の思ったことを伝え、言葉のやりとりを楽しむ ○保育教諭とごっこ遊びをする中で、言葉のやり取りを楽しむ
	表現	○保育教諭と触れ合い遊びや簡単な手遊び、全身を使って表現する遊びを楽しむ ○水、砂、土、紙、粘土など様々な素材に触れ、感触の違いや形の変化を十分に楽しむ	○水や氷の感触を楽しみ、その心地よさを味わう ○様々な素材、玩具を使って見立て遊びを楽しみ、イメージを豊かにする	○音楽やリズムに合わせて体を動かすことを楽しむ ○楽器を鳴らすことを喜び、その音色を楽しむ	○イメージを広げ、ごっこ遊びや模倣遊びを保育教諭と一緒に楽しむ ○様々な素材に触れ、形や色、手触りなどの違いに気付いたり感じたりして楽しむ
食育		○スプーンやフォークなどを使い、自分で食べようとする ○様々な調理形態に慣れ、楽しい雰囲気で食べることが出来るようになる	○たくさん遊びおなかが空き、保育教諭や友達と一緒に食べることを喜ぶ ○食材に興味・関心を持ち、よく噛んで食べる	○正しいスプーンやフォークの持ち方、正しい姿勢の座り方で食事をする ○何でもバランスよく食べ、完食する喜びを味わう	○挨拶や簡単な食習慣を身に付け、保育教諭や友達と一緒に食事をすることを楽しむ
健康・安全		○生活リズムを整え、心身ともに健康に過ごせるようにする ○園内外の安全を確認し、十分に身体を使って遊べるようにする	○夏の暑さに負けないよう、活動の途中で水分補給や休息を適切にとる ○水遊びの際の衛生管理をしっかり行うとともに、遊びのルールを園児たちと一緒に確認して安全に遊べるようにする	○朝晩の気温差が激しくなるため、衣服の調整、室温の管理をしっかり行う ○雪遊びの後は玄関周辺が濡れ転倒しやすいため、事前にタオルを敷き、転倒を防ぐ	○年末年始の疲れにより生活リズムが崩れたり、冬の感染症による体調不良が出やすいため、体調の変化に十分気を付ける ○遊びが活発になってくるため、室内の環境設定や遊びの内容が発達に即したものであるか再検討する
環境設定		○保育室内や園外の安全を確認し、安心して遊べるようにする ○色々な用具を組み合わせて設置し全身運動を楽しめるようにする ○様々なことに興味を持てるよう、発達に合った玩具や遊具を配置する	○絵本コーナーを設け、好きな絵本を保育教諭と一緒に楽しめるようにする ○リズムに合わせて体を動かす楽しさを感じられるように、園児が親しみやすい曲や動きを選ぶ	○園児が真似をしてみたいと思う遊びを発達に合わせて用意し、その中で言葉や物のやり取りを楽しめるようにする ○園児の発達段階や興味・関心を踏まえ、無理なく楽しんで身体を動かせる曲やリズムを遊びに取り入れる	○自然と友達と関われるような遊びや玩具を設定する ○様々な素材を準備し、触れることで興味を持って楽しめるようにする
配慮事項		○一人ひとりの発達や生活リズムを把握し、無理なく新しい環境に慣れるようにする ○園児の気持ちを受け止め、応答的な関わりを通じて信頼関係を築き、保育教諭との関わりを心地よいと感じられるようにする	○自分でしようという気持ちを大切にし、さりげない援助を心掛け、自分でできた満足感を感じられるようにする	○園児の興味や関心を見逃さず、言葉を意識して関わることで、話す楽しさが味わえるようにする ○体を動かす楽しさを十分に味わえるよう、保育教諭も一緒に動いたり声をかけたりしながら雰囲気を盛り上げるようにする	○できたことをたくさん褒め、自信や意欲につなげていく ○友達との言葉のやり取りを仲立ちし、一緒に遊ぶ楽しさを感じられるようにする
保護者などへの支援		○連絡帳や送迎時に様子を伝え、不安や気になる事に対して丁寧に対応をし、信頼関係を築いていく ○心身ともに健康に過ごせるよう状態を伝え合い、異常があるときには早めの対応が出来るようにする	○成長の過程を共感し、自我の芽生えは成長の大切な一つであることを伝えていき、保護者の思いや不安に対応していく	○トイレトレーニングや食事の進め方など、家庭と直結しやすいことについてこまめに連絡を取り合い、保護者が安心して焦らずに進められるように援助する	○一年間の成長を共に喜び、子育ての喜びや楽しさに繋げられるようにする ○進級に向けての不安や質問には丁寧に答え、安心できるようにする
行事		入園式・始業式・給食試食会・保育参観・運動会・内科健診・歯科検診・不審者対応訓練・避難訓練・安全教室・誕生会（毎月実施）	夏祭り・プール開き・プール納め・祖父母参観・遠足・不審者対応訓練・総合安全教室	内科健診・歯科検診・ハロウィンパーティー・お遊戯会・クリスマス会・もちつき会	作品展・豆まき会・ひな祭り会・卒園児を送る会・卒園式・修了式・総合不審者対応訓練
保育教諭の自己評価		○個々の園児の生活リズムに配慮しながら保育を進めたことで、心身ともに安定的に過ごすことが出来、無理なく色々なことに興味を持たせることが出来た。	○様々な場面でしっかりと園児と向き合い、分かりやすい言葉をかけたり適切に援助したり見守ったりしたことで、落ち着いて遊びや身の回りのことに取り組むことが出来ていた。	○遊びの中で園児の反応を見逃さずに言葉をかけたり、必要に応じてかかわり方を変えたことで、今の発達段階に合った活動を展開することが出来た。	○出来たときにはたくさん褒めること、一生懸命やっている姿を認めることで自信を持ち、遊びや生活において意欲的に活動することが出来た。自信や意欲が活動の幅を広げ、探索活動を存分に楽しむ姿が見られた。

月間指導計画ポイント

年間指導計画をもとに、より具体的に計画を作ります。子どもの様子や行事、生活の変化などを考慮し作成することが重要です。この本では1歳児の月間指導計画を掲載しています。0歳児は発達の差が大きいため、個別指導計画を取り入れた計画を作る必要があります。1歳児においても発達の差が大きい場合は個別指導計画を取り入れた計画を立てましょう。

1 これまでの子どもの姿

前月までの子どもの発達状態や、園での様子を記載します。

2 月のねらい

「これまでの子どもの姿」をもとに、保育者の援助によって子どもが身につけることを望まれる心情や態度などについて記載します。

3 行事

クラスで行われる行事を記載します。

4 保護者支援

保護者と家庭が子どもについて相互理解を深め、連携して発達を促すように、伝達すべき子どもの姿や必要な援助を記載します。

4月　月間指導計画案　20XX年度　1歳児 ○○○ぐみ

園長	主任	担当

これまでの子どもの姿	行事	保護者支援
○特定の保育教諭との安定したかかわりで 1 生活に慣れる。 ○戸外あそびや好きな遊具であそぶことを 1	○入園式 ○身体測定 ○避難訓練（火災） 3 ○安全教室 ○誕生会	○家庭との連絡を密にし、子どもの様子を些細なことでも伝え合うことで安心感を持ってもらい、信頼関係をはぐくんでいく。 ○衣服など持ち物には必ず名 4 してもらう。

月のねらい	
月のねらい	○少しずつ新しい環境に慣れ、特定の保育 2 のかかわりを喜び安心感を持つ。 ○春の自然に触れる心地よさを味わう。 2

		ねらい	環境・構成	予想される子どもの活動	配慮事項
養護	生命	○清潔で安全な環境を整え、快適に過ごせるようにする。 ○家庭状況や健康状態を把握し子どもの様子を総合的にとらえ、一人ひとりに合わせた対応をする。	○室内、遊具、玩具等の清潔と安全性を保ち、室温・採光・通気性などの調整をする。 ○家庭調書から子どもの特徴をつかむ。 ○活動の場の安全を確保する。	○安全な遊具やおもちゃで好きなあそびを楽しむ。 ○汚れた紙パンツや衣服を取り替えてもらい、気持ちよく過ごす。	○遊具あそびには必ずそばにつき、けがや事故を防ぐ。 ○子どもの特徴や癖、発達状況などを把握し、個々に合わせた対応を心掛ける。 ○子どもの様子を常に気にかけ、異常が見られたらすぐに対応する。
	情緒	○子どもの思いを丸ごと受け止め共感することで、安心感が生まれるようにする。 ○子どものしぐさ、態度、かたこと等の些細なサインを見逃さず対応することで、思いが伝わる満足感が感じられるようにする。	○新入児には同じ保育教諭が対応する。 ○個々に合わせた落ち着く物や場所で、子どもに対応する。	5 落ち着く場所で気に入った物を持ち、安心して過ごす。 ○特定の保育教諭とのスキンシップや、安定したかかわりを喜ぶ。 ○快、不快をかたことや態度で伝えようとする。 ○好きなキャラクターや遊具などを見つけ、笑顔を見せる。	○温かくすべてを受け入れて接し、安心して過ごせるようにする。 ○だっこやおんぶなどの要求にはできるだけ応え、できないときは手をつなぐなどで対応し、肌のふれあいによる安心感を大事にする。
教育	健康	○興味のあることに向かい、自由に動くことを楽しむ。 ○体を動かしてあそぶことを楽しむ。	○乗り物や動くおもちゃ、音のするもの等興味を持ちそうな遊具を用意する。 ○体操のCDやボールなどを準備する。	○興味のある遊具やおもちゃに積極的にかかわる。 ○走り回ったり、体操を楽しんだりする。 ○広い場所で自由に動き回ってあそぶ。	○子どもの様子に合わせ、活動を変えたり見守ったりする。 ○走り回る楽しさが十分味わえるように、思いを共感していく。
	人間関係	○特定の保育教諭との応答的なかかわりを喜び、信頼関係を培う。 ○友だちに興味を持つ。	○一定の保育教諭がかかわる。 ○同じおもちゃを数個用意する。	○特定の保育教諭との安定したかかわりを喜ぶ。 ○喃語やかたことで保育教諭に思いを伝えようとする。 ○友だちと同じ遊具を使いあそぼうとする。	○子どもの思いを受け入れ、笑顔で温かく接することで親しみを感じられるようにする。 ○気持ちを代弁してあげることで、友だちとのかかわりが楽しくなるようにする。
	環境	○戸外で外気に触れ、春の自然を感じる。 ○好きなおもちゃなどに興味を持ってかかわる。	○あそぶ場所を整備する。 ○遊具等の点検をする。 ○帽子を着用する。 ○救急箱、ちり紙、汗拭きタオルを用意する。	○好きな遊具に自分からかかわってあそぼうとする。 6 戸外に出かけ、目にしたものに興味を持つ。 身近な草花に興味を持つ。	○戸外に出る際の身じたくを確認し、衣服による事故を防止する。 ○風を感じたり草花に興味を持ったりできるようにかかわる。 ○遊具等楽しんでいる様子をともに味わい、その楽しさやおもしろさが感じられるようにする。
	言葉	○自分の気持ちを喃語や指差しなどで伝えようとする。 ○見聞きした言葉をまねて楽しむ。	○子どもの言いたいことを言葉で返し、気持ちを受け止める。 ○くり返しゆっくり、はっきりと言葉を伝える。	○してほしいことを少しずつ言葉や指差しで伝える。 ○簡単なあいさつを交わす。 ○興味のある言葉をまねて話そうとする。	○思いをくんでその行動を言葉で知らせたり応えたりすることで、言葉を話す楽しさが感じられるようにする。 ○言葉を話す楽しさが感じられるように応答的なかかわりを大事にする。
	表現	○心地よい音楽に体を揺らしたり、手あそびをまねたりして楽しむ。 ○クレヨンやシール貼り等に触れて楽しむ。	○楽しく明るい曲を準備し、音の大きさを調整する。 ○用具や道具の配置を工夫し、数人ずつ行う。	○心地よいと感じたときに、自然と体を動かす。 ○好きな遊具でくり返しあそぶ。 ○クレヨンに興味を持ち、出したりしまったり描いたりする。	○子どもの動きや様子を見逃さずその思いを受け止め、見守りながら一緒に楽しむ。
食育		○園の食事に慣れ、楽しい雰囲気のなかで食事する。 ○手づかみやスプーンで食べる。	○食事の場とあそびの場の区別をつけ、落ち着いた雰囲気をつくる。 ○小グループで対応する。	○給食に興味を示し、好きな食べ物から食べようとする。 ○あいさつのまねをしたり、おいしいとジェスチャーで表したりする。 7	○食べようとする気持ちを大事にしながら、好きな物以外でも食べようとするように言葉掛けをしていく。 ○保育教諭が見本となり徐々にあいさつが身につくようにする。
健康・安全		○視診などを嫌がらずに受ける。 ○保育教諭のそばに集まることに慣れる。 ○身近な危ない場所を知る。	○室内の温度を調整し、体温計、視診チェック表を用意する。 ○建具の角にはソフトクッション等を取り付ける。	○朝の視診に慣れ、順番にみてもらう。 8 みんなと一緒に保育教諭のそばに集まろうとする。 保育教諭に促され、危ない場所を知る。	○視診を嫌がる子には手や顔等の部分から始め、少しずつ慣れるようにする。 ○保育教諭のそばに集まることをあそびに取り入れ、くり返し経験することで身につけていけるようにする。 ○危ないことが少しずつわかるようその都度優しく知らせる。

自己評価	子どもの評価
○新入児にはなるべく同じ保育教諭がかかわり、気持ちの安定を図るよう心掛けた。 ○子どもの好きなあそびを中心に進めるなかで、 9 歩や戸外散歩で気分転換や探索意欲を満たすようにしたことが、環境に慣れ落ち着いて過ごせるようになっ 9 とにつながったと思う。	○初めての環境に、なかなか慣れずにいた新入児たちも、月後半に入ると自分から好きな保育教諭を求め、あそびを楽しむようになってきた。 ○月齢の高い子たちは、友だちと同じあそ 10 を示しトラブルもあるが、思い思いのあそびを十分楽しんでいる。また、園内散歩や戸外散 10 、活動に活発さも見られてきている。

※⑤～⑧に関しては、各項目をさらに「ねらい」「環境・構成」「予想される子どもの活動」「配慮事項」の4つの項目に分けて記載します。

5 養護

保育者が行うことが望まれる援助（養護）を「生命」「情緒」の2つの視点に分けて記載します。

6 教育

月のねらいを達成するために展開する保育について、「健康」「人間関係」「環境」「言葉」「表現」の5領域に分け、子どもが獲得することが望まれる心情や態度を記載します。

7 食育

具体的な活動内容や環境設定を記載します。

8 健康・安全

子どもの健康保持のために行うこと、また、安全を確保するための環境設定や設備点検などについて記載します。

9 自己評価

指導計画をもとに行った保育や指導方法が適切であったかどうか、設定していた「ねらい」を達成できたか、また、改善点などを記載し保育の質の向上を図ります。

10 子どもの評価

指導計画をもとに行った保育で、子どもにどのような発達があったかを記載します。

※指導計画の作成は、『平成30年度施行　新要領・指針サポートブック』（世界文化社刊）もあわせてご参照ください。

4月 月間指導計画案

20XX年度 1歳児 ○○○ぐみ

園長	主任	担当

これまでの子どもの姿	○特定の保育教諭との安定したかかわりで次第に園生活に慣れる。 ○戸外あそびや好きな遊具であそぶことを喜ぶ。
月のねらい	○少しずつ新しい環境に慣れ、特定の保育教諭とのかかわりを喜び安心感を持つ。 ○春の自然に触れる心地よさを味わう。
行事	○入園式 ○身体測定 ○避難訓練（火災） ○安全教室 ○誕生会
保護者支援	○家庭との連絡を密にし、子どもの様子を些細なことでも伝え合うことで安心感を持ってもらい、信頼関係をはぐくんでいく。 ○衣服など持ち物には必ず名前を明記してもらう。

		ねらい	環境・構成	予想される子どもの活動	配慮事項
養護	生命	○清潔で安全な環境を整え、快適に過ごせるようにする。 ○家庭状況や健康状態を把握し子どもの様子を総合的にとらえ、一人ひとりに合わせた対応をする。	○室内、遊具、玩具等の清潔と安全性を保ち、室温・採光・通気性などの調整をする。 ○家庭調書から子どもの特徴をつかむ。 ○活動の場の安全を確保する。	○安全な遊具やおもちゃで好きなあそびを楽しむ。 ○汚れた紙パンツや衣服を取り替えてもらい、気持ちよく過ごす。	○遊具あそびには必ずそばにつき、けがや事故を防ぐ。 ○子どもの特徴や癖、発達状況などを把握し、個々に合わせた対応を心掛ける。 ○子どもの様子を常に気にかけ、異常が見られたらすぐに対応する。
養護	情緒	○子どもの思いを丸ごと受け止め共感することで、安心感が生まれるようにする。 ○子どものしぐさ、態度、かたこと等の些細なサインを見逃さず対応することで、思いが伝わる満足感が感じられるようにする。	○新入児には同じ保育教諭が対応する。 ○個々に合わせた落ち着く物や場所で、子どもに対応する。	○落ち着く場所で気に入った物を持ち、安心して過ごす。 ○特定の保育教諭とのスキンシップや、安定したかかわりを喜ぶ。 ○快、不快をかたことや態度で伝えようとする。 ○好きなキャラクターや遊具などを見つけ、笑顔を見せる。	○温かくすべてを受け入れて接し、安心して過ごせるようにする。 ○だっこやおんぶなどの要求にはできるだけ応え、できないときは手をつなぐなどで対応し、肌のふれあいによる安心感を大事にする。
教育	健康	○興味のあることに向かい、自由に動くことを楽しむ。 ○体を動かしてあそぶことを楽しむ。	○乗り物や動くおもちゃ、音のするもの等興味を持ちそうな遊具を用意する。 ○体操のCDやボールなどを準備する。	○興味のある遊具やおもちゃに積極的にかかわる。 ○走り回ったり、体操を楽しんだりする。 ○広い場所で自由に動き回ってあそぶ。	○子どもの様子に合わせ、活動を変えたり見守ったりする。 ○走り回る楽しさが十分味わえるように、思いを共感していく。
教育	人間関係	○特定の保育教諭との応答的なかかわりを喜び、信頼関係を培う。 ○友だちに興味を持つ。	○一定の保育教諭がかかわる。 ○同じおもちゃを数個用意する。	○特定の保育教諭との安定したかかわりを喜ぶ。 ○喃語やかたことで保育教諭に思いを伝えようとする。 ○友だちと同じ遊具を使いあそぼうとする。	○子どもの思いを受け入れ、笑顔で温かく接することで親しみを感じられるようにする。 ○気持ちを代弁してあげることで、友だちとのかかわりが楽しくなるようにする。
教育	環境	○戸外で外気に触れ、春の自然を感じる。 ○好きなおもちゃなどに興味を持ってかかわる。	○あそぶ場所を整備する。 ○遊具等の点検をする。 ○帽子を着用する。 ○救急箱、ちり紙、汗拭きタオルを用意する。	○好きな遊具に自分からかかわってあそぼうとする。 ○戸外に出かけ、目にしたものに興味を持つ。 ○身近な草花に興味を持つ。	○戸外に出る際の身じたくを確認し、衣服による事故を防止する。 ○風を感じたり草花に興味を持ったりできるようにかかわる。 ○遊具等楽しんでいる様子をともに味わい、その楽しさやおもしろさが感じられるようにする。
教育	言葉	○自分の気持ちを喃語や指差しなどで伝えようとする。 ○見聞きした言葉をまねて楽しむ。	○子どもの言いたいことを言葉で返し、気持ちを受け止める。 ○くり返しゆっくり、はっきりと言葉を伝える。	○してほしいことを少しずつ言葉や指差しで伝える。 ○簡単なあいさつを交わす。 ○興味のある言葉をまねて話そうとする。	○思いをくんでその行動を言葉で知らせたり応えたりすることで、言葉を話す楽しさが感じられるようにする。 ○言葉を話す楽しさが感じられるように応答的なかかわりを大事にする。
教育	表現	○心地よい音楽に体を揺らしたり、手あそびをまねたりして楽しむ。 ○クレヨンやシール貼り等に触れて楽しむ。	○楽しく明るい曲を準備し、音の大きさを調整する。 ○用具や道具の配置を工夫し、数人ずつ行う。	○心地よいと感じたときに、自然と体を動かす。 ○好きな遊具でくり返しあそぶ。 ○クレヨンに興味を持ち、出したりしまったり描いたりする。	○子どもの動きや様子を見逃さずその思いを受け止め、見守りながら一緒に楽しむ。
食育		○園の食事に慣れ、楽しい雰囲気のなかで食事する。 ○手づかみやスプーンで食べる。	○食事の場とあそびの場の区別をつけ、落ち着いた雰囲気をつくる。 ○小グループで対応する。	○給食に興味を示し、好きな食べ物から食べようとする。 ○あいさつのまねをしたり、おいしいとジェスチャーで表したりする。	○食べようとする気持ちを大事にしながら、好きな物以外でも食べようとするように言葉掛けをしていく。 ○保育教諭が見本となり徐々にあいさつが身につくようにする。
健康・安全		○視診などを嫌がらずに受ける。 ○保育教諭のそばに集まることに慣れる。 ○身近な危ない場所を知る。	○室内の温度を調整し、体温計、視診チェック表を用意する。 ○建具の角にはソフトクッション等を取り付ける。	○朝の視診に慣れ、順番にみてもらう。 ○みんなと一緒に保育教諭のそばに集まろうとする。 ○保育教諭に促され、危ない場所を知る。	○視診を嫌がる子には手や顔等の部分から始め、少しずつ慣れるようにする。 ○保育教諭のそばに集まることをあそびに取り入れ、くり返し経験することで身につけていけるようにする。 ○危ないことが少しずつわかるようその都度優しく知らせる。

自己評価	○新入児にはなるべく同じ保育教諭がかかわり、気持ちの安定を図るよう心掛けた。 ○子どもの好きなあそびを中心に進めるなかで、園内散歩や戸外散歩で気分転換や探索意欲を満たすようにしたことが、環境に慣れ落ち着いて過ごせるようになってきたことにつながったと思う。	子どもの評価	○初めての環境に、なかなか慣れずにいた新入児たちも、月後半に入ると自分から好きな保育教諭を求め、あそびを楽しむようになってきた。 ○月齢の高い子たちは、友だちと同じあそびに興味を示しトラブルもあるが、思い思いのあそびを十分楽しんでいる。また、園内散歩や戸外散歩を喜び、活動に活発さも見られてきている。

5月 月間指導計画案

20XX年度 1歳児 ○○○ぐみ

園長	主任	担当

これまでの子どもの姿	○新しい環境に慣れずに泣いている子が多く見られたが、少しずつ環境や保育教諭に慣れ、さまざまなあそびを楽しむ姿が見られるようになった。 ○食べることが好きで、おやつや給食を喜んで食べている。	行事	○身体測定 ○こいのぼり ○誕生会 ○避難訓練（地震） ○安全教室 ○保育参観日 ○子育て講演会	保護者支援	○連休中の過ごし方について、交通事故などに十分気をつけて過ごすように知らせる。 ○汗をかいたり、あそびが活発になったりするので、着替えを多めに用意してもらい、あそびの様子を知らせていく。
月のねらい	○保育教諭に見守られながら、好きなあそびを楽しむ。 ○春の自然に触れ、のびのびとあそぶ。				

		ねらい	環境・構成	予想される子どもの活動	配慮事項
養護	生命	○子どもの体調やその日の気候に応じて、衣服の調節をして、快適に過ごせるようにする。	○朝の視診で体調を把握する。 ○着脱・調整しやすい衣服を用意する。 ○取り出しやすい所に汗拭きタオルをかけておく。	○保育教諭と一緒に着替えをしたり、汗を拭いてもらったりして気持ちよく過ごす。	○衣服の着脱は、急がせることなく、子どもの様子を見ながらさりげなく援助し、一緒にやることにより、やってみようという意欲を伸ばしていく。
養護	情緒	○連休前の生活を少しずつ取り戻せるように、ゆったりとした生活を送る。 ○子どもの思いをしっかり受け止め、応答することで自分の気持ちを安心して表せるようにする。 ○保育教諭に見守られ、安定して過ごせるようにする。	○部屋の音や声の大きさに気をつける。 ○オルゴールや静かな音楽を流す。	○保育教諭と一緒にゆったりとした生活をし、安定して過ごす。 ○スキンシップを喜び、かたことでたくさんおしゃべりをする。 ○保育教諭にだっこしてもらい、安心して喜ぶ。	○保育教諭と好きなあそびをして過ごすことで、徐々に生活リズムを整えていくように適切に援助していく。 ○一人ひとりの子どもの気持ちや声をよく聞き、適切に応答し、一緒に共感していく。 ○泣いたときは気持ちの整理ができるまで優しく抱きしめる。
教育	健康	○保育教諭とふれあい、安定感を持ってあそぶ。 ○戸外で体を動かしてのびのびとあそぶ。	○子どもの興味をひく玩具をさまざまに準備する。 ○靴の左右を確認し、動きやすい服装に整える。	○気に入った玩具を使って、保育教諭と一緒にあそぶことを喜ぶ。 ○服装や靴を整えてもらい、思いきり体を動かしてあそぶ。	○保育教諭とふれあいながら、自分の好きなあそびを十分に味わえるようにしていく。 ○体の動きが楽しめるあそびを子どもの様子に合わせて設定し、個々に合ったあそびが楽しめるようにかかわっていく。
教育	人間関係	○保育教諭に慣れ、親しみを持ってかかわろうとする。	○特定の保育教諭がかかわるようにする。	○自分から保育教諭にだっこしてもらったり、保育教諭のそばで好きなあそびを楽しんだりする。	○1対1のかかわりを大切にしながらも、少しずつ友だちや別の保育教諭にも目を向けられるように、信頼関係を築いていく。
教育	環境	○戸外でこいのぼりの泳ぐ様子を見て喜ぶ。 ○散歩に出かけ、春の自然を見たり触れたりして楽しむ。	○散歩場所は事前に下見をする。 ○誘導ロープを準備する。 ○子どもの前後と中間には必ず保育教諭が付き添う。	○戸外で花を摘んだり、持ち歩いたりして喜ぶ。 ○春の草花に触れ、匂いや手触りを楽しむ。 ○昆虫を見つけ、興味を示し、じっと見る。	○危険がないか確認しながら、保育教諭が率先して自然に触れる。 ○草花や、こいのぼりの泳ぐ様子など、子どもが興味を示していることに一緒にかかわり、十分に満足できるようにする。
教育	言葉	○保育教諭の言葉掛けに応えたり、自分の気持ちを一語文や指差しで伝えたりしようとする。 ○絵本に興味を持ち、読んでもらうことを喜ぶ。	○気持ちを受け止めゆったりとかかわる。 ○絵本の表紙が見えるように本を飾る。	○自分の欲求を一語文や指差しで伝える。 ○名前を呼ばれるとかたことで返事をする。 ○絵本に興味を持ち、指差して喜んだりする。	○子どもが興味のある物を一語文や指差しで伝えようとしたことを認め、意欲や態度を伸ばしていく。 ○絵本に興味を持ち、喜んで見たり聞いたりできるように、読み方を工夫し、イメージできるようにしていく。
教育	表現	○手あそびやリズムあそびを楽しむ。 ○描いたり、作ったりすることを楽しむ。	○円形になり一人ひとりの動きを把握する。 ○指先を使った手あそびやリズムあそびのCD、デッキを準備する。 ○クレヨン、画用紙、新聞紙、ポリ袋を準備する。	○音楽に合わせてみんなで手拍子でリズムをとったり、体を動かしたりしてあそぶ。 ○クレヨンでなぐり描きを楽しむ。 ○新聞紙をちぎったり、丸めたりして喜ぶ。	○季節の歌や楽しい曲を選曲し、喜んであそべるようにしていく。 ○子どもが描いたり、作った物を掲示することにより、つぎへの期待や意欲を持たせていく。
食育		○ゆったりとした雰囲気のなかで、スプーンやフォークを使って食べようとする。 ○保育教諭や友だちと食事することを喜ぶ。	○いすの座り方、テーブルとの距離を確認する。 ○食事とあそびの場を、仕切りで分ける。 ○個々のペースに合わせて対応する。	○スプーンやフォークを使って、自分で食べようとする。 ○みんなと同じものを食べていることや、友だちの食べている様子に興味を示す。	○スプーンやフォークを使ってみようと思えるような言葉掛けを促していく。 ○明るく和やかな雰囲気のなかで、保育教諭や友だちと食事することにより、食べることが楽しみになるようにしていく。
健康・安全		○外に出るときは帽子をかぶる。 ○散歩や戸外あそびのあとは、促されて手洗い・うがいをする。 ○戸外へ出かけるときの約束ごとを簡単に覚える。	○取り出しやすい場所に帽子を置く。 ○うがいのコップとお手拭きタオルを準備する。 ○視覚でわかるように絵や紙芝居を準備する。	○戸外に出ることを喜び、帽子をかぶろうとする。 ○うがい、手洗いをしてきれいになったことを喜ぶ。 ○道路には危険なことがあり、危ないということを見聞きする。	○帽子の必要性をくり返し伝え、嫌がらずにかぶれるようにしていく。 ○散歩や戸外あそびのあとは必ずうがい、手洗いをすることが身につくようにしていく。 ○危険箇所は保育教諭が共通認識を持つ。

自己評価	○連休明けは泣く子が多かったので、入園当初と同じようにかかわったところ、数日間で落ち着いてきた。戸外あそびを多く取り入れたことも気分転換となり、よかったと思う。土や草、ダンゴムシなど自然に触れ、体を動かすあそびを楽しんだことが、子どもたちの刺激となり、活発さが見られるようになった。 ○生活習慣の面ではおろそかになった部分もあるので、来月はていねいにかかわっていきたい。	子どもの評価	○個人差はあるが全体に園生活のリズムが整いつつある。 ○天気のいい日は散歩に出かけ、広い場所でかけ回り、自然に触れたりかけっこを楽しんだりした。 ○歌や制作にも興味を示す子が多くなり、少しのあいだ集中して取り組んでいる。 ○好きな保育教諭以外にも親しみを見せて、笑顔が増えてきた。

6月 月間指導計画案

20XX年度 1歳児 ○○○ぐみ

園長	主任	担当

これまでの子どもの姿	○クラスでの活動に慣れ、一緒に活動することを喜ぶ。 ○園生活の流れが整いつつあり、落ち着きを見せている。 ○戸外あそびや体を動かすあそびを楽しむ。
月のねらい	○梅雨期を健康に過ごし、好きなあそびを十分に楽しむ。 ○少しずつ活動の幅を広げ、身の回りのことや自然に興味を持つ。
行事	○身体測定 ○誕生会 ○避難訓練（防犯） ○運動会
保護者支援	○梅雨期には、さまざまな感染症にかかったり、食中毒が流行しやすい時期でもあるので、園と家庭とのあいだで子どもの体調の変化について、密に連絡を取り合う。 ○気温に合わせて対応しやすい衣服を用意してもらう。

		ねらい	環境・構成	予想される子どもの活動	配慮事項
養護	生命	○梅雨期を快適に過ごせるようにする。 ○手洗いやうがいを促し、風邪や感染症の予防に努める。 ○汗をかいたらタオルで拭いたり着替えたりすると清潔になる心地よさを感じられるようにする。	○定期的に換気をする。 ○玩具の消毒をする。 ○手洗いやうがいのしかたを提示する。	○清潔な室内で心地よく自分の好きなあそびを楽しむ。 ○保育教諭に促されて手洗い、うがいをし、気持ちよさを感じる。	○一定の室温、湿度が保たれるように、気温に合わせて調整をする。 ○予防の意味を理解して、少しでも予防できるようにくり返し知らせていく。 ○きれいになる心地よさが感じられるように言葉掛けしていく。
	情緒	○子どもの声や表情を見逃さず、気持ちを受け止め、適切に対応することで、安心して過ごせるようにする。	○活動に集中して取り組めるコーナーを設定する。 ○子どもの様子に合わせて適切に対応する。	○保育教諭に衣服を替えてもらうとき、自ら手や足を通そうとする。 ○保育教諭に見守られながら、自分の落ち着く場所で気に入った玩具であそぶ。	○着脱を自分でしようとしているときは見守り、介助が必要なときは「上手に着られたね」と伝えながら接していく。 ○子どもたちが安心してあそべるよう笑顔で接し、さまざまなあそびを提供しながら、楽しめるよう配慮する。
教育	健康	○運動会に向けて、明るくのびのびと行動し、活動を楽しむ。 ○気温の変化に合わせ、衣服の調整をしてもらう。	○運動会に必要なものを用意する。 ○着替えカゴの中身を確認する。 ○水分補給の設定をする。	○運動会で使用する音楽で、自ら体を動かし楽しむ。 ○体を動かしたあとは、保育教諭と水分補給をする。	○子どもの気持ちや行動を理解し、模倣して踊れたときはたくさんほめ、つぎへの意欲が持てるように接していく。 ○気温が低いときや、高いときは、子どもの様子を見て衣服の調整をする。
	人間関係	○安心できる保育教諭や友だちに関心を持ち、一緒に過ごすことを喜ぶ。	○近くで見守ったり、一緒に楽しんだりしてかかわりを持つ。	○保育教諭や友だちの動きを模倣して笑いかけたり、好きな友だちの近くへ行き、あそぼうとしたり話しかけたりする。	○子どもの思いをしっかりと受け止め接することで、安心感が得られるようにしていく。 ○友だちとの仲介をしながら、あそびやかかわりが楽しめるようにする。
	環境	○園舎周辺やホールなどに散歩に行き、梅雨ならではの自然や物に興味を持つ。	○ホールや戸外などの場所の設定をする。 ○アジサイやカエルなどが見つかる場所を事前に確認する。	○戸外へ出て、雨の冷たさに触れたり、雨の色や水たまりの色を見たりし、梅雨に親しみながらあそぶ。	○水たまりの水などを誤って飲んでしまわないよう前もって伝え、安全に戸外あそびができるように配慮する。
	言葉	○絵本や歌、物語などに親しみ、感じたことを保育者や友だちと簡単な言葉で伝え合う。	○梅雨を感じる1歳児向けの絵本を用意する。 ○絵本を見るときの座り方、場所の確認をする。	○保育教諭と6月の季節の歌を歌う。 ○保育教諭に雨にまつわる絵本を読んでもらいながら、自分の知っている絵が出てきたときは、名前を呼んだり、指差しをしたりする。	○雨に興味が持てるような歌を歌ったり、絵本を読んだりしながら、子どもの反応を見て言葉やあそびを広げていく。 ○不明瞭な言葉を正しく言い直していくことで、正しい発音に気をつけるようにする。
	表現	○梅雨期を感じられる身近な物に目を向けながら、保育教諭と一緒に制作することを楽しむ。	○制作に使用する物を用意する。	○保育教諭と一緒にフィンガーペインティングを体験し、ベタベタする指先の感触を楽しむ。	○誤って手や指をなめることがあるので、安全を考慮した材料を使用する。 ○ベタベタする感触を好まない様子の子どもには、無理させずに保育教諭が見本を見せて、様子を見る。
食育		○食べたことのない食材などにも興味を示し、自分で食べることを喜ぶ。 ○保育教諭と温かい雰囲気のなかで、食事することを楽しむ。	○子どもが食べやすい食器の配置と、机といすの距離を確認する。 ○机を4～5人で囲い、子どもたちが甘えを表出できる空間をつくる。	○スプーンやフォークを使用し、時間をかけながら意欲的に自分で食べようとする。 ○保育教諭の言葉掛けにより、給食の時間ということがわかると自らいすに座ろうとし、保育教諭の模倣をし手を合わせてあいさつをしようとする。	○自分で食べようとする気持ちを大切にし、必要なときは介助しながら満足感が持てるようにする。 ○食事のあいさつ「いただきます」「ごちそうさま」を、手を合わせたり、おじぎしたりしながら、一緒に行えるよう援助していく。
健康・安全		○睡眠の生理的欲求を満たし、生活の安定を図る。 ○散歩に出かける際は行動範囲が広がるので、安全点検に努め事故防止を図る。	○ぐっすり眠れるように寝具の設定をする。 ○段差や石のある危険な場所を事前に確認する。	○保育教諭のそばで、安心して一定時間眠れるようになる。 ○戸外へ出かけることを喜び、走って好きな遊具のそばへ向かう。	○一人ひとりの入眠時の特徴を把握し、背中をさすったり子守歌を歌ったりしながら安心して眠れるようかかわる。 ○戸外に出かけるときは必ず帽子をかぶり、日差しや気温に注意しながら、子どもの居場所を把握し確認する。

自己評価	子どもの評価
○運動会の練習をする合間を縫って、雨の日の自然に触れたり、絵の具を楽しんだりと、他の活動でめりはりをつけたことで、その活動に新鮮さを感じ、それぞれが十分楽しめたと思う。 ○生活習慣も、先月の反省を踏まえていねいにかかわることを心掛け、きれいにする気持ちよさを感じさせることができたので、引き続きかかわり、習慣になるようにしていきたい。	○保育教諭や友だちと過ごすことに楽しさを感じ、それぞれに個性はあるものの活動を楽しんでいる。 ○雨の日は少なかったが、見たり触れたりして体験した。実際にカエルを見たことが楽しかったようで、カエルについての話題で盛り上がっていた。 ○運動会の練習も喜んで参加し、踊れるようになったことを喜び楽しんでいる。

7月 月間指導計画案

20XX年度 1歳児 ○○○ぐみ

園長	主任	担当

これまでの子どもの姿	○保育教諭と一緒に水あそびを楽しむ。 ○生活に必要なあいさつをする。 ○砂、土、水などに触れてじっくりあそぶ。	行事	○七夕祭り ○誕生会 ○避難訓練（火災） ○身体測定	保護者支援	○健康状態や水あそびについての可否を、登園時に詳しく伝えてもらう。降園時には水あそびの様子を伝えていく。 ○夏に多い感染症について知らせ、予防や早期発見、治療ができるよう伝えていく。
月のねらい	○一人ひとりの健康状態に合わせて、ゆったりと快適に過ごせるようにする。 ○水の感触や開放感を味わいながら、水あそびを楽しむ。				

		ねらい	環境・構成	予想される子どもの活動	配慮事項
養護	生命	○一日の生活の流れを見通し、静と動の活動のバランスをとる。 ○適切な食事や休憩がとれるようにする。	○室内の気温を調節したり、風通しをよくするなど工夫をし、快適な空間をつくる。	○汗をたくさんかきながらあそぶ。 ○気候により、元気がなかったり、食欲が減退してしまう子がいる。 ○食事中に眠くなってしまう。	○一人ひとりの健康状態を把握する。 ○一人ひとりの体調管理、水分補給を十分に行い、ゆったりと過ごせるように配慮する。
	情緒	○保育教諭に手伝ってもらいながら、自分で着替えをしようとする気持ちを持つ。	○子どもが着脱しやすい洋服を用意してもらうよう、保護者に伝えていく。	○着脱を自分からやろうとする子もいるが、まだ待っているだけの子が多い。	○「やってみよう」という気持ちにつながるよう、声を掛けて工夫して行う。 ○水が苦手な子もいるため、無理なくあそべるようにする。
教育	健康	○保育教諭に促され、おまるで排尿できるようになる。 ○月齢の高い子どもはトイレで排尿できるようになる。	○肌寒いときは水温に注意し、ミニプールやあそび道具を十分に用意するなどして、無理なくあそべるようにする。	○トイレトレーニングを行うことによって、おまるで排尿することができるようになる。 ○午睡後、排尿できる子が増える。	○静かな環境で、ゆったりと午睡できるようにする。
	人間関係	○保育教諭や友だちと一緒に水あそびの楽しさを味わう。	○いろいろな欲求や要求を優しく受け止めていき、安心して過ごせるようにする。	○保育教諭と一緒に着替えたり、自分でも着脱したりしようとする。 ○保育教諭と一緒に水あそびをする楽しさを知る。 ○玩具の取り合いが増える。	○水あそびの玩具を使い、ゆったりと水あそびを楽しむ。 ○子どもの発見に共感し、水あそびを十分に味わえるようにしていく。
	環境	○七夕飾りを見たり、七夕に関する絵本を読んでもらうことで興味を持つ。	○わかりやすい内容の絵本を選ぶ。	○室内にある七夕飾りを見て喜ぶ。	○具体的な言葉掛けをし、七夕のイメージをふくらませ、雰囲気を味わえるようにする。
	言葉	○簡単な言葉のやり取りを楽しむ。	○保育教諭が仲介しながら、友だちとのあそびのなかで言葉のやり取りができる場面をつくっていく。	○「これ、何?」「○○」など、絵本を見ながら会話を楽しむ。	○場面に応じた言葉のやり取りができるように、保育教諭が手本を見せていく。
	表現	○手あそびやわらべ歌に合わせ、保育教諭をまねしながら、喜んで体を動かす。	○季節に合う曲を取り入れていく。 ○リズムに乗りやすい曲を選ぶ。	○友だちや保育教諭のまねをして歌ったり体を動かしたりしてリズムあそびを楽しむ。	○子どもの表現に共感していく。 ○保育教諭が楽しんでいる姿を見せる。
食育		○夏野菜がなっている様子を見せたり、絵本に載っている野菜がメニューに入っていることを伝え、関心を高める。	○年長児が育てている野菜を見に行く。 ○絵本などで食物に興味が持てるようにする。	○食前の言葉、食後の言葉をみんなと一緒に言う。 ○スプーンを使って食事をするが、手づかみで食べてしまうこともある。	○一人ひとり食べる量を加減し、完食したことを喜べるようにする。 ○咀しゃくを促すよう言葉を掛け、ひと口ずつゆっくり食べさせていく。
健康・安全		○水分補給を十分に行う。 ○衣服の調節をしながら、快適に過ごせるように配慮する。	○活動の合間に自由に水分補給ができるように水筒を常備しておく。 ○室温調節、換気をこまめに行う。	○午睡時、暑くて掛け布団をはいでしまう。 ○汗をかき、お茶をよく飲んでいる。	○エアコンや扇風機を利用し、風通しをよくする工夫をし、心地よく食事や午睡、あそびが楽しめるようにする。

自己評価	○水あそびを行うにあたり、登園時に子どもの体調不良・発疹が見られる場合は、家庭での様子を尋ねるなど、保護者と密に連絡を取り合った。 ○暑さと水あそびの疲れから、給食中に眠くなってしまう子が増えているので、食べさせ方を工夫していく。 ○発熱など、体調を崩す子もいるため、体調の変化を見逃さないように気をつける。	子どもの評価	○プールあそびが始まる。最初は泣いている子もいるが、次第に慣れてきて、ほとんどの子どもが楽しく参加できるようになる。 ○衣服の着脱は、回数が増えたため、自分でできる子どもが増え、自分でできたことを喜んでいる姿が見られた。

8月 月間指導計画案

20XX年度 1歳児 ○○○ぐみ

園長	主任	担当

これまでの子どもの姿	○水あそびに慣れ、友だちと喜んであそぶ。 ○暑さで食欲が落ち、水分を多くとりたがる。	行事	○身体測定 ○誕生会 ○避難訓練（地震）	保護者支援	○感染症の症状が見られたときには、早めの受診をしてもらうように話をする。 ○汗をかき、服が汚れやすい時期なので、着替えの衣服を多めに用意してもらう。
月のねらい	○栄養、休憩を十分にとり、元気に過ごす。 ○水あそびを思いきり楽しむ。 ○歌に合わせ体を動かす。				

		ねらい	環境・構成	予想される子どもの活動	配慮事項
養護	生命	○体調に合わせた活動を心掛け、温度や湿度に配慮しながら無理なく過ごせるようにする。	○室内を整理整頓して、清潔な部屋づくりをする。 ○温度計や湿度計を置き、気温・湿度に気を配る。	○夏の疲れから元気のない子どももいる（食欲がない、食事中眠くなるなど）。	○室内外の温度差があまり大きくならないようにする。 ○水分補給をこまめに行う。
	情緒	○夏ならではのあそびを保育教諭と楽しむ。 ○十分なスキンシップで気持ちを満たし、落ち着いて過ごせるようにする。	○気温に合った水温を調節する。 ○あそびの様子により、水の深さを調節する。	○水に慣れ、あそび方がダイナミックになってくる。 ○保育教諭と一緒に、簡単な身の回りのことを少しずつ自分でしようとする。	○慣れから危険なあそび方をする場合もあるので、安全には十分配慮し、水あそびの約束を守れるよう見守っていく。
教育	健康	○暑さのため体調を崩しやすいので、十分な休憩をとる。 ○タイミングが合うと、トイレのおまるで排尿できる。	○子どもの様子を見て、早めに水分補給を行う。 ○排泄の際は保育教諭がそばにつき、水の流し方やトイレットペーパーの使い方を伝えていく。	○夏の疲れから、動きが鈍い子、午前中に眠ってしまう子などが見られる。 ○排尿できると「でた」と喜ぶ。	○水分補給をするとともに子どもの健康状態をしっかりと把握し、体調の変化を見逃さないようにする。 ○自分で着脱しようとする気持ちを大切にしながら、さりげなく援助していく。
	人間関係	○友だちのあそびに興味を示し、かかわりながらあそぶ。 ○異年齢児とのかかわりを親しみながらあそぶ。	○楽しくあそべるよう十分な玩具を用意する。	○保育教諭と一緒に好きなあそびを楽しみ、友だちとも十分にかかわってあそぶ。	○危険なあそび方をしないよう配慮する。 ○保育教諭が仲立ちしながら、友だちとのやり取りが多く持てるようにする。
	環境	○安心できる環境のなか、適度な休憩や午睡がとれるようにする。 ○園にいるカブトムシやセミに興味を持ち、見たり触ったりする。	○午睡しやすい環境づくりをする。 ○夏の草花や昆虫などに興味が持てるよう、飼育ケースを身近な所に置く。	○虫などを怖がって遠くから見ている子、興味を持って触ろうとする子の差がはっきりしてくる。	○衛生面において、保育教諭・子どもともに手洗い、消毒をしっかりと行う。
	言葉	○くり返しのある絵本を見て、絵本を見る楽しさを知り、言葉を覚えていく。	○季節にちなんだ絵本をそろえておく。 ○読み方を工夫し、興味が持てるようにする。	○興味のある絵本を見る姿が見られる。 ○保育教諭や友だちの言葉をまねして、やり取りあそびを楽しむ。	○絵本やあそびを通し、言葉のやり取りを楽しめるようにする。 ○保育教諭が代弁するなど仲立ちしていく。
	表現	○曲に合わせて体を動かす。自由な動きを楽しむ。	○保育教諭も体いっぱいに表現する。 ○子どもがリズムに乗りやすい曲を選ぶ。	○曲に合わせてのびのび体を動かす子、興味が持てず違うあそびをする子など、さまざまな反応を示す。	○子ども全体の動きを見て、参加しやすい雰囲気をつくる。
食育		○子どもと一緒にかむまねをしながら言葉を掛け、よくかむことが身につくようにする。	○子どもに伝わりやすい言葉掛けをする。 ○自分で食べやすい食器、盛りつけ方で用意する。	○保育教諭のまねをして、食べ物をかもうとする姿が見られる。 ○苦手な物をいつまでも口の中にためてしまい、飲み込めない子がいる。	○ゆっくりよくかんで食べる声掛け、雰囲気づくりをする。 ○食材の名前を話したりしながら食事を楽しむ。
健康・安全		○水あそびや着替えのときに、視診を十分に行い、夏の感染症の早期発見に努める。	○着替えさせながら一人ひとり全身をしっかり視診する。	○体を見られるのを嫌がる子どもがいる。 ○体をかゆがる子、虫刺されの箇所を指して教える子がいる。	○全身状況を把握し、必要なときは保護者に早めに伝えるなど、感染症予防に努める。

自己評価	○気温の高い日は、給食・午睡時にエアコンを使用したことで、食欲も落ちることなく、よく眠ることができた。そのためか、皮膚疾患（あせもなど）、体調を崩す子が少なかった。 ○水分補給では、一人ひとりの飲む様子をしっかりと見ながら、十分な水分がとれるよう、声を掛けていった。 ○休み明けには、生活リズムをスムーズに戻せるよう、声掛けやスキンシップを心掛けていった。	子どもの評価	○天気がいい日が続き、十分に水あそびを楽しむことができた。 ○休み明けに泣いて登園する子、水あそびを嫌がる子が見られる。 ○生活のリズムにも慣れ、落ち着いた生活を送っている。

9月 月間指導計画案

20XX年度 1歳児 ○○○ぐみ

園長	主任	担当

これまでの子どもの姿	○保育教諭や友だちとのかかわりのなかで、自分の気持ちを言葉にして伝えようとする。 ○夏の疲れから体調を崩してしまう子が見られる。 ○好きな歌を口ずさんだり手あそびを楽しむ。	**行事**	○避難訓練（火災） ○身体測定 ○誕生会
月のねらい	○保育教諭や友だちと一緒に体を動かしてあそぶ。 ○身の回りのことを自分でやろうとし、ひとりでできる喜びを感じる。	**保護者支援**	○夏の疲れが出やすい時期なので、食事や睡眠など、生活リズムを整えることの大切さを伝えていく。 ○健康状態などの連絡を密にする。 ○活動しやすい服装、足に合った歩きやすい靴を用意してもらう。

		ねらい	環境・構成	予想される子どもの活動	配慮事項
養護	生命	○休息と活動のバランスをとり、快適に生活できるようにする。 ○歩く、走る、跳ぶなどの全身運動を適度に取り入れる。	○室内の温度や湿度に気を配り、過ごしやすい環境に整える。 ○トイレは常に清潔にしておく。	○おまるやトイレで排尿できる回数が増える。 ○着脱などを自分でしたがり、介助を嫌がる子どももいる。	○おまるやトイレには言葉を掛けながら無理なく座れるようにする。 ○おまるやトイレで出たときは、ほめたり抱きしめたりして一緒に喜ぶ。
	情緒	○子どもの欲求を受け止め、温かなやり取りやスキンシップにより、安定感を持って過ごす。	○子どもの健康状態を見て、あそびの方法を考えたり、休息を十分にとったりする。	○特定の保育教諭に抱かれたり添い寝してもらったりして安心する。 ○身振り、手振りで自己主張する姿が見られる。	○一人ひとりの体調や睡眠時間を把握し、生活リズムが整うようにかかわる。
教育	健康	○十分に体を動かすことで、自分で活動することの喜びや達成感を味わう。 ○簡単な衣服の着脱をする。	○気温の変化に応じて、衣服の調節を行っていく。 ○こまめに水分補給を行う。	○戸外に出ることの喜びを知り、自分で帽子をかぶり、靴をはこうとするなど、身支度をする。	○視診、触診を行い、健康状態を常に把握したうえで、運動あそびをする。 ○自分でやろうとする気持ちを大切にして見守る。
	人間関係	○保育教諭や友だちのまねをしたり、玩具の貸し借りをしたりすることなどを通して、友だちに興味を持ち、相手の存在に気づいていく。	○保育教諭や友だちと楽しい雰囲気になるような空間づくりを心掛ける。 ○「かして」「いれて」などの仲立ちをし、友だちとあそぶ楽しさが味わえるようにする。	○他の子のあそびを見たり、同じ所であそんだりする。 ○年上の子がやることを見て、同じことをやろうとする。 ○友だちの使っている物がほしくなり、奪ってしまう。	○玩具の取り合いの際は、「かして」という言葉の仲立ちをして、順番に使うように促す。
	環境	○身近な秋の自然に触れたり見たりする。	○園庭整備、固定遊具の安全点検を十分に行う。	○園庭の固定遊具に登ろうとする。 ○よじ登る、くぐる、転がる、走る、跳ぶ、渡るなど、全身を使ってあそぶ。	○全身を使ったあそびが増えるので、そばについて安全面に十分注意したうえで、のびのびあそべるようにする。
	言葉	○簡単な言葉を理解し、保育教諭と言葉のやり取りを楽しむ。	○絵本や紙芝居を選ぶとき、くり返しの言葉、オノマトペ※などの簡単なものを選ぶ。	○絵本に関心を持ち、くり返しの言葉を喜ぶ。 ○気に入った絵本を見つけ、自分で開いたりする。	○あそびのなかでの言葉のやり取りから、発語を促していく。
	表現	○保育教諭と一緒に歌ったり、リズムに合わせて体を動かしたりしてあそぶ。	○バケツや手作りマラカスなど、身近にある物を利用してリズム感を出す。	○リズムに合わせて保育教諭のいろいろな動きをまねして踊る。	○わらべうたなど、子どもが親しめる歌や手あそびを、数多く準備する。 ○なるべく跳躍音階のない歌を選ぶ。
食育		○スプーンを持ち、最後まで食べようとする。 ○器に手をそえて食べる。 ○苦手な食材も食べてみようとする。	○優しく言葉を掛けながら、無理強いすることなく、楽しく食事ができるようにしていく。	○こぼしながらも自分で食べる。 ○苦手な物も口に入れたり、何でも食べてみようとしたりする。 ○日によって食欲にむらがある。	○こぼしながらも自分で食べようとすることを見守り、スプーンやフォークの使い方を知らせ、援助する。
健康・安全		○遊具や園庭の整備を行う。 ○散歩に出かける際には、車に十分注意する。	○運動しやすい服や靴を身につける。 ○散歩では、安全確認を十分行う。	○好きなあそびを見つけ、自由あそびを楽しむ。 ○車が通るときは、動かず待てるようになる。	○子どもが見つけたあそびのなかに入り、危険がないか見守る。 ○散歩に出かける際には、人数確認を必ず行う。

自己評価	○友だちとのかかわりが増えてきたが、奪い合いも増えてきた。自己主張が強くなってきているので、一人ひとりの自立段階を把握し、それぞれに応じた援助ができるようにした。 ○子どもの伝えようとする思いをくみ取って仲立ちし、言葉で意思が通じる喜びを持てるようにした。	**子どもの評価**	○友だちとのかかわりが増え、お互いに誘い合い、手をつないだり楽しそうに笑い合う姿も見られた。 ○玩具の取り合いや、友だちの物を勝手に取ってしまうことも多かったため、様子を見ながら仲立ちすることで、ゆずり合える姿も増えてきた。

※オノマトペ＝擬声語・擬音語・擬態語

10月 月間指導計画案

20XX年度 1歳児 ○○○ぐみ

園長	主任	担当

これまでの子どもの姿	○自己主張が強くなり、何でも自分でしようとし、自分の思いを態度や言葉で伝えようとする。 ○友だちとのかかわりが増えてきて名前を呼び合ったり、同じあそびを楽しむ姿が見られる。
月のねらい	○身の回りのことに興味を持って、自分でしようとする。 ○身近な秋の自然に触れながら、保育教諭や友だちと一緒にあそぶ。
行事	○避難訓練（防犯） ○誕生会 ○内科健診、歯科検診 ○交通安全指導 ○身体測定
保護者支援	○友だちとときにはぶつかり合う姿も見られるが、それも大切な成長のひとつであることを知らせ、ありのままの様子を伝えていく。 ○日中と朝夕の気温差があるので、調節しやすい衣服を用意してもらう。 ○何でも「自分で」という気持ちが出ているので、自己主張もひとつの成長の過程として温かく見守ってもらうように伝えていく。

		ねらい	環境・構成	予想される子どもの活動	配慮事項
養護	生命	○一人ひとりの体調や気温に合わせ、衣類調節をして快適に過ごせるようにする。	○着脱しやすい衣類を準備してもらう。	○簡単な衣類の着脱に興味を持ち、自分でやってみようとする。	○自分で着脱しようとする姿を見守り、できないところはさりげなく介助して、できた喜びを味わえるようにする。
	情緒	○保育教諭や友だちとのかかわりを大切にし、一日を落ち着いて過ごせるようにする。	○保育教諭や友だちのそばなど、落ち着いて過ごせるスペースをつくる。	○自分の気持ちを安心して表す。 ○思い通りにならないと泣いたり怒ったりして感情を表す。	○友だちとあそぶなかで、友だちとのかかわり方を知らせたり、保育教諭も一緒にあそんで気持ちの安定を図る。
教育	健康	○戸外であそんだあとや、食事前には、手を洗う習慣を身につけ、気持ちよさを味わう。	○手洗い場の前に台を用意し、子どもにより高さを調節する。	○何度も手を洗おうとする子や、手洗い中に水あそびになる子がいる。	○手洗い、手を拭くことが習慣づくようにしていく。
	人間関係	○友だちとのかかわりが増え、ぶつかり合う場面では、保育教諭の仲立ちで相手の存在に少しずつ気付いていく。	○保育教諭が子どもと一緒に楽しくあそび、体を動かすことの楽しさを伝えていく。	○気にいった玩具や場所を独占したり、友だちが持っている物を無理に取ろうとしたりする。	○周りの友だちとのかかわりを楽しいと感じられるように、保育教諭もあそびに加わり、さりげなく援助する。
	環境	○散歩に出かけ、自然の変化に触れて、探索活動を十分に楽しむ。	○草花や木の実が落ちている場所や、安全にあそべる場所を事前に下見しておく。	○散歩に行き、秋の自然を見て、「きれいね」などと保育教諭や友だちと伝え合う。	○自然物をあそびに取り入れ、興味が広がるようにする。
	言葉	○くり返しのある本の読み聞かせにより、絵本を見る楽しさを知り、言葉を覚えていく。	○給食前や午睡前に手あそびをしたり、絵本を読んだりする。	○保育教諭の言葉のまねをする。 ○単語や身振りを使い自分の気持ちを話したり表したりしようとする。	○子どものやり取りを見守ったり、保育教諭が代弁したりすることで、言葉のやり取りの広がりを促していく。
	表現	○歌を歌ったり、音楽に合わせて友だちと一緒に踊ったりすることを楽しむ。	○子どもたちが好きな曲を選び、保育教諭も一緒に楽しみながらリズムあそびを行う。	○リズムあそびの曲の流れと動きを知り、思いきり走り、喜んで体を動かす。	○なじみのある曲を用意し、友だちと一緒に踊ったり、体を動かしたりする楽しさを味わえるようにしていく。
食育		○体を十分に動かし、空腹を感じて食事に向かえるようにし、保育教諭や友だちと一緒に喜んで食べる。	○野菜や果物など秋の食材の絵本を見せたり、サツマイモに触れさせたりして、関心を持たせていく。	○においを感じたり、「すっぱい」「あまい」「おいしい」など味覚を表現したりしながら楽しく食べる。 ○ゆったりとした雰囲気のなかで、さまざまな食べ物を自分から食べようとする。	○子どもの「あまい」「おいしい」などの反応に共感していく。 ○生活の中に食に関する絵本などを取り入れ、食に関して興味がわくようにする。
健康・安全		○戸外あそびや散歩を楽しみ、歩いたり走ったりして体を動かす。 ○日中と朝夕の気温の差に気を配り、活動に応じて衣服の調節をする。	○散歩に出かける場所を事前に見に行き、危険な場所がないか確認していく。 ○視診や検温をこまめに行う。	○疲れて保育教諭にだっこを要求する。 ○気温の差から体調を崩す子がいる。 ○興味のあるものに気を取られ、列からはみ出してしまう。	○汗をかいたり衣服が汚れたときは、着替えて清潔にする習慣を身につけていく。 ○一人ひとりの発達に合わせ、介助する。

自己評価	○戸外あそびをたくさん取り入れることができた。 ○自分で何でもしようとする気持ちを受け入れ、できないことは一緒に行い、自立につなげていくようにした。 ○友だちと一緒にあそぶ楽しさを子どもたちのあいだに入り伝えることができた。	子どもの評価	○散歩では木の実を拾い、大切に持ち帰る姿があった。また、秋の自然に存分に触れながら歩行力をつけることができた。 ○言葉も増え、「やって」「できた」などと保育教諭に伝えることも増えてきた。

11月 月間指導計画案

20XX年度 1歳児 ○○○ぐみ

園長	主任	担当

これまでの子どもの姿	○友だちや保育教諭とかかわり、友だちの様子を模倣したりして一緒にあそぶことを楽しむ。 ○自我が強くなり、思い通りにならないと泣いてしまうこともあるが、話をすると落ち着いて過ごせる姿も見られる。
月のねらい	○気温や体調に合わせ、衣服を調節し快適に過ごす。 ○ごっこあそびや見立てあそびを通して友だちとのかかわりを楽しむ。
行事	○誕生会 ○身体測定 ○避難訓練（地震）
保護者支援	○寒くなるので毛布の準備をしてもらう。 ○トイレトレーニングや、できたことの様子などを伝え、家での状態も聞くなかで一緒に喜び合う。 ○寒くなり、排尿間隔も短くなり、パンツをぬらすことも増えるので、着替えを多く用意してもらう。

		ねらい	環境・構成	予想される子どもの活動	配慮事項
養護	生命	○室内外の気温・湿度の確認や衣服の調節を行い、快適に過ごせるようにする。	○空調により室温・湿度を調節し、空気の入れ替えも行う。	○上着や靴下を自分で脱ごうとしたり、保育教諭に脱がせてもらおうとしたりする。	○子どもの様子や健康状態に目を向け、適切な援助をしていく。
養護	情緒	○ひとりでできることを喜び、自分でやりたいという気持ちを尊重し、受け止める。	○子どもたちがやろうとしたときに少しでも達成できるようさまざまな環境を整えていく。	○ひとりでやりたいがうまくできずに泣きそうになる子がいる。 ○できたことを保育教諭にほめてもらい、うれしそうにする子がいる。	○自分でなかなかできない子に対して、がんばっている気持ちをしっかり受け止め、つぎへつながるように接していく。
教育	健康	○衣服の着脱を自分でやってみようとする意欲を持つ。	○自分でやろうとする気持ちを大切にするため、時間に余裕が持てるようにする。	○パンツやズボンだけでなく、上衣を着脱しようとする子が増えてきている。	○あせらずに落ち着いてできるように、ゆったりとした雰囲気をつくる。 ○一人ひとりに合った言葉掛けをし、最後までがんばれるように見守る。
教育	人間関係	○保育教諭が仲立ちとなりながら、ごっこあそびや見立てあそびを楽しむ。	○子どもの「やりたい」という思いを十分満足させてあげられるよう、道具の数をそろえたりして、環境設定をする。	○人が持っている玩具を取ろうとしたり、「かして」と言って貸してもらおうとする子がいる。	○友だちのあそびに興味を持った子には、「かして」の言葉を知らせたり、保育教諭が仲立ちとなったりして、友だちとのかかわりが持てるようにする。
教育	環境	○公園や広場など自然環境の豊かな場所に出かけ、戸外であそぶことの心地よさを十分に味わう。	○行動範囲が広がってくるので、環境を整え、安全にあそべるようにしていく。	○公園での探索活動を十分に楽しむ。	○事前に安全の確認をし、危険なところは避けてあそぶよう細心の注意を払う。
教育	言葉	○保育教諭と一緒にごっこあそびをするなかで、言葉のやり取りを楽しむ。	○十分にあそべるスペースを確保し、子ども同士のかかわりを大切にしていく。 ○ごっこあそびに必要な用具を準備する。	○ごっこあそびのなかで、言葉のやり取りを楽しむ。 ○簡単な手あそびから少しずつ単語を覚えていく。	○言葉を覚えようとする気持ちをやさしく受け止め、ゆっくり発音していく。
教育	表現	○季節の歌や手あそびのしぐさをまねたり、歌に合わせてリズムを取ってあそぶ。	○親しみやすい歌を用意する。 ○子どもたちから保育者が見えるよう、一人ひとりの座る場所も気を付けて見ていく。	○季節の歌を友だちと一緒に振りを付けて歌うことを喜ぶ。 ○保育教諭を見ながら、わかるフレーズを一緒に歌ったり、手を動かして表現することを楽しむ。	○楽しさを感じとれるようくり返し歌う。 ○大きな声でゆっくりと歌ったり、わかりやすく手を動かしたりして、楽しい雰囲気のなかで歌えるようにする。
食育		○楽しい雰囲気のなかで食事のマナーを知り、自分で食べようとし、さまざまな食べ物を食べる楽しさを味わう。	○食べ物に関する絵本や歌、ペープサートなどで関心を持たせる。秋の食材についても知らせ、季節感を感じられるようにする。	○ペープサートや絵本などで秋の食材などを知る。 ○保育教諭と一緒に食事を楽しむ。	○「モグモグ　ゴックン」と声を掛けて咀しゃくを促す。 ○ゆったりとした雰囲気のなかで「おいしいね」と言葉を掛け、楽しく食べられるようにする。
健康・安全		○朝夕の気温の変化や、一人ひとりの健康状態を把握し、あそびの内容に合わせて衣服の調整をする。	○室内の温度や湿度、換気にも気を配る。 ○一人ひとりの子どもの様子、家での様子などをしっかり把握し、視診や検温をこまめに行う。	○あそびの内容により体温が上がったりする。 ○発熱、咳、鼻水など、体調を崩す子がいる。	○一人ひとりと十分かかわり、常に健康状態を把握しておく。 ○部屋の換気をこまめに行う。

自己評価	○ゆったりとした散歩を心掛けていたが、後半、保育園に戻ってから急がせてしまう場面があり、時間の配分がしっかりできていなかったことを反省する。 ○個々の健康状態を把握し、あそびの内容に合わせて衣服の調節をするよう声を掛けていきたい。	子どもの評価	○散歩中から落ち葉や木の実への興味をつなげていったことで、集中してあそべた。 ○友だちとのかかわりのなかで、自分の思いを言葉で伝えることがだんだんできるようになった。 ○保育教諭の介助のもと、身の回りのことを自分でしようとする意欲が出てきた。

12月 月間指導計画案

20XX年度 1歳児 ○○○ぐみ

園長	主任	担当

これまでの子どもの姿	○友だちとかかわり、一緒にあそぶことを楽しむ姿がある。 ○「かして」「いいよ」などの言葉がまだうまく言えず、玩具の奪い合いなどのトラブルが起きる。	行事	○誕生会 ○身体測定 ○発表会 ○避難訓練 （消火訓練） ○交通安全指導 ○餅つき ○クリスマス会	保護者支援	○風邪やインフルエンザ、嘔吐、下痢等の流行状況を口頭や掲示を通して保護者に伝え、予防を呼びかける。 ○年末年始で生活リズムが崩れることのないよう、生活習慣の大切さを伝える。 ○発表会の練習や本番を通し、子どもの成長を喜び合う。 ○厚着になりやすい時期なので、調節しやすい衣服を用意してもらう。
月のねらい	○身の回りのことに興味を持ち、簡単なことは自分でしようとする。 ○リズムに合わせて体を動かしたり、保育教諭の模倣をして表現したりする楽しさを味わう。				

		ねらい	環境・構成	予想される子どもの活動	配慮事項
養護	生命	○室内外の気温・湿度の確認や衣服の調節を行い、快適に過ごせるようにする。	○保育教諭は適切な配置のなかで役割分担をし、子どもの姿を十分にとらえ共感する。 ○換気や温度・湿度に十分に注意する。	○腹痛や下痢など感染症の流行で体調を崩しやすくなる。 ○積極的に手洗いをしようとする。	○食欲や体調に留意しながら、家庭との連携を大切にしていく。
	情緒	○「自分で」という気持ちを大切にして、励ましたり見守ったりしながら意欲につなげ、できた喜びを共感していく。	○子どもが自分で着脱しやすい衣服を用意してもらう。 ○自分で着脱しやすいような十分な場所を用意する。	○自分でやろうとする気持ちはあるがうまくできず、いらだちを感じる子がいる。 ○自分でできたときは「できたよ」と知らせに来る。	○自分でがんばろうとしているときは、そばで見守り励ましていく。 ○うまくできたときには、十分にほめる。
教育	健康	○手洗い・うがいの習慣を身につけ、清潔にすることの心地よさを感じる。	○コップやお手拭きタオルを子どもの手が届く場所に置き、タオルの使い方や手の洗い方をくり返し伝えていく。	○手を洗いたがらない子や、コップで水あそびをする子、衣服がぬれてしまう子もいる。	○手洗い・うがいができたことをほめる。 ○袖口がぬれないように、保育教諭がそばに付き、援助を行う。
	人間関係	○友だちや保育教諭の名前を親しみをこめて呼んだり、異年齢の子どもへの関心を持つ。	○クラス活動に加え、異年齢児とあそぶ機会を設ける。	○異年齢児とも楽しく過ごせる子も、うまくかかわれずに離れて様子を見ている子もいる。	○子ども同士のかかわりのなかで、保育教諭がお互いの気持ちを代弁し、一緒にあそべるようにする。
	環境	○散歩等を通して、地域の人や身近な冬の自然、動植物に親しみを感じる。	○散歩コースの安全確認を行う。 ○救急バッグ、誘導ロープ、携帯電話を持ち、行き先・時間・人数等を記録に残す。	○寒さを感じながらも園周辺に出かけ、地域の方にあいさつをしたり、自然の変化に気づいたりする。 ○木の実や落ち葉を拾い、見せに来る子もいる。	○散歩をするときは、誘導ロープを持って歩くよう言葉を掛け、子どもから目を離さず、安全に楽しめるようにする。
	言葉	○あそびや生活のなかで、自分の気持ちを言葉にして相手に伝え、言葉のやり取りを楽しむ。	○くり返しのある絵本を準備する。 ○保育教諭と言葉のやり取りを楽しめる雰囲気をつくる。	○絵本の言葉を聞いたり、まねしたりして楽しむ。 ○「かして」「ちょうだい」など、自分の気持ちを言葉や動作で伝えようとする。	○子どものつぶやきを受け止め、必要に応じて保育教諭が代弁し援助する。
	表現	○季節の歌や音楽に合わせて体を動かすことや模倣を楽しむ。	○子どもが楽しめる歌を選曲したり、興味のある楽器を準備したりする。 ○保育教諭自身が楽しく参加する。	○音楽に合わせて喜んで体を動かしたり、音を鳴らしたりすることを楽しむ。 ○保育教諭の動きを模倣する子と、興味を持たない子がいる。	○日ごろの子どもの姿をとらえ、無理なく発表会へとつなげる。 ○一人ひとりが楽しめる内容を工夫する。
食育		○食事のマナーに気づき、いすに座りあいさつを行う。 ○自分で食べようとする意欲を持つ。	○絵本などを通してわかりやすく食事のマナーを知らせていく。 ○楽しい雰囲気のなかで友だちや保育者と一緒に食べる。	○「これなに?」など、食材に興味を示し尋ねる。 ○スプーンやフォークを持ち、自ら食べる姿がある。 ○好きなものばかりを食べようとする。	○「おいしそうね」など言葉を掛けたり、友だちが食べる姿を見せたりして、食べてみようとする気持ちを引き出す。 ○スプーンやフォークの持ち方を確認し、さりげなく正しい持ち方を伝える。
健康・安全		○遊具の安全点検を行う。 ○感染症が広がらないように努力する。	○遊具に危険箇所がないようにする。 ○部屋の換気を十分にし、加湿器等を使って湿度管理を行う。	○鼻水が出たり、熱が出たりと体調を崩す子がいる。	○子どもの動きから目を離さず危険がないようにする。 ○一人ひとりの体調を把握し、少しでも変わった様子があるときは、保育教諭同士声を掛け合い、状況に合わせて対応する。

自己評価	○風邪をひいている子どももいたため、活動内容を変更するなどの配慮をした。 ○発表会では日ごろの活動の延長として展開したことで、子どもに無理をさせることなく、発表内容へとつなげることができた。	子どもの評価	○寒さのなかでも自ら外に出てあそぶ子どもの姿が多く見られた。 ○発表会では、友だちや保育教諭と十分にかかわり、楽しみながら発表できていた。 ○発表会に初めて参加する子も、ステージ上でのびのびと楽しむ姿があった。

1月 月間指導計画案

20XX年度 1歳児 ○○○ぐみ

園長	主任	担当

これまでの子どもの姿	○異年齢児とかかわり、ごっこあそびを楽しむ。 ○冬の自然や季節の行事に触れ、楽しむ。	行事	○お店屋さんごっこ ○誕生会 ○身体測定 ○避難訓練（防犯） ○懇談会	保護者支援	○暖かい保育室ばかりにいるよりも、外気に触れて適度な運動をすることの大切さを伝える。 ○感染症への対応を知らせ、早期発見に努める。
月のねらい	○正月あそびを楽しむ。 ○生活リズムを取り戻し、体調を整え、楽しく過ごす。				

		ねらい	環境・構成	予想される子どもの活動	配慮事項
養護	生命	○食事、排泄、睡眠等の生理的欲求を十分に満たし、快適に過ごせるようにする。 ○規則正しい生活リズムを取り戻し、体調を整える。 ○排泄の有無、快・不快を自分で感じ、知らせるようになる。	○生活の流れに沿って規則正しいリズムで過ごしていく。 ○室温や換気に留意していく。 ○トイレを清潔にし、進んで行けるようにする。	○欲求を十分に満たしてもらいながら、楽しく過ごす。 ○規則正しい生活リズムを取り戻し、生活をする。 ○尿意、便意を感じ、進んでトイレに行くようになる。	○自分で伝えることができたことを認め、成長を感じさせていく。 ○食欲や体調を見守り、生活リズムを取り戻せるようにする。 ○声掛けをしながら、自分で伝えられるようにする。
	情緒	○自分でできることは自分でしようとし、生活習慣を身につけていく。 ○十分なスキンシップで心の安定を図るようにする。 ○驚きや発見を大切にし、自分の気持ちを伝えられるようにする。	○着脱しやすいように衣服を並べたり、自分で行える時間をとっていく。 ○一人ひとりに触れ合える環境づくりをする。 ○興味や関心が持てる環境をつくる。	○何でも自分でしたいと主張する。 ○安心した環境のなかで、楽しく過ごせるようにする。 ○自分の好きなもの、興味があるものであそぶ。	○さりげない援助をし、自主的に行う気持ちを受け止める。 ○温かく見守りながら、生活を楽しめるようにする。 ○子どもの気持ちに共感し、表現力や感性を養っていく。
教育	健康	○手洗いの際、しっかりと袖をまくる。 ○外気に触れてあそび、衣服の調節をしたり、体調に配慮しながら体を十分に動かしていく。	○手洗い前にしっかりと袖をまくるよう声掛けしていく。 ○室内でも外でも元気に体を動かせるよう、身近な遊具であそべる環境をつくる。	○手洗いをする際に、自分で袖をまくって洗おうとする。 ○外に行くときには上着を着用し、風邪をひかないようにして楽しくあそぶ。	○袖をまくるときは、手本を見せ「ぐいぐい」と声掛けをする。 ○体を十分に動かしてあそべるようにし、室内でも充実してあそべるように配慮をする。
	人間関係	○友だちの名前を覚え、仲間意識を持ち、あそびを楽しむ。 ○異年齢の子とごっこあそびを楽しむなかで、思いやる心も育てる。	○友だちの名前を呼び合い、あそべるよう促し、一緒にかかわれる用具を用意する。 ○お店屋さんごっこなど、集団であそべる環境づくりをする。	○身近な友だちの名前を呼んだり、かかわってあそぶことを楽しむ。 ○年上の子に優しくしてもらうことで、自分もほかの子に優しくしてあげようとする。	○友だちへの関心が広がり、仲立ちをすることで、仲間意識を持てるようにする。 ○相手にも優しくしてあげようという気持ちが持てるように促していく。
	環境	○散歩などを通し、季節のあそびを楽しむ。 ○正月の飾りを見て、行事について興味を持つ。 ○正月あそびに触れ、楽しむ。	○散歩は下見をしておき、興味を持たせる物を探しておく。 ○正月について、紙芝居や絵本などでも知らせていく。 ○正月の雰囲気づくりをする。	○冬の草花や霜や氷を見ながら散歩する。 ○伝統行事や風習を知り、興味を持つ。 ○どんな行事なのかを知り、あそびに取り入れていく。	○あそびのなかでさりげなく誘導し、発見の喜びを大切にする。 ○季節を感じていくことができるようにしていく。 ○さまざまな正月あそびを知らせていく。
	言葉	○保育教諭や友だちとあそびながら、言葉のやり取りを楽しむ。 ○自分の気持ちを言葉にしていく大切さを知り、仲立ちにより表現をしていく。	○絵本を読む際には、子どもの目線に近い位置で行う。 ○ゆったりとした雰囲気のなかで、自分の気持ちを伝えられるようにする。	○お店屋さんごっこを通し「これください」や「ありがとう」などのやり取りを楽しんでいく。 ○なぜ、どうしてを知り、言葉で伝えられるようになってくる。	○異年齢の子とかかわりながら、言葉を発し、やり取りを楽しめるよう促していく。 ○一人ひとりの気持ちや言葉を十分に受け止めていく。
	表現	○好きな歌や歌詞を元気よく歌い、楽しむ。 ○さまざまな技法の制作を楽しみ、表現し、完成を喜んでいく。 ○簡単な手あそびなどのまねを楽しむ。	○一緒に歌うと楽しいと感じられるような曲を選ぶ。 ○いろいろな技法の制作を準備する。 ○手あそびは、年齢に合ったものを行う。	○好きな歌を歌ったり、踊ったりすることを楽しんでいく。 ○さまざまな技法で制作し、楽しんでいく。 ○友だちと一緒に楽しんで行う。	○テンポや音の強弱を変化させ、楽しめるよう配慮する。 ○素材や用具をいろいろ使用し、楽しく作品づくりができるようにする。 ○ゆっくりと行っていくことで興味を持たせる。
食育		○食べ物に関心を持ち、自分でスプーンを正しく持って食べる。	○正月のおせち料理などがあることを知らせていく。	○正月料理に興味を持ち、おいしく食べる。	○スプーンを正しく持っているか確認し、正月料理について話し、興味を持たせていく。
健康・安全		○避難訓練での「お・か・し・も」の約束を理解するようになり、保育教諭の話をよく聞こうとする。	○ベルの合図の確認をし、避難方法の確認をする。	○「お・か・し・も」について知り、声に出して言う。 ○すばやく避難できるようになる。	○「お・か・し・も」の、一つひとつの意味をくり返させ、伝えていく。 ○笛の合図で避難できるよう導く。

自己評価	○生活リズムを早く取り戻していくことができるよう、個々のリズムを見守りながら促していった。 ○体調を整えていくことができるよう、その場に応じた衣服の調節を行えるようにしていった。	子どもの評価	○一人ひとりが楽しく生活をしながら、リズムを整えていくようにしていったので、園生活のリズムを早く取り戻し、慣れていくことができた。 ○自分でしようとする気持ちが増し、着脱など進んで行えるようになってきた。 ○行事にも楽しそうに参加していた。 ○言葉数が増えてきた。

2月 月間指導計画案

20XX年度 1歳児 ○○○ぐみ

園長	主任	担当

これまでの子どもの姿	○寒さに負けず、元気に過ごす。 ○自分の思いを言葉にする。	**行事**	○節分、豆まき ○誕生会 ○身体測定 ○避難訓練（地震） ○ひな人形作り～持ち帰り
月のねらい	○冬のあそびを楽しむ。 ○節分、豆まきに興味を持ち、自分で作った豆入れを使い、行事を楽しみ、新たな気持ちを持つ。	**保護者支援**	○家でも手洗い、うがい、衣服の調節などを行い、風邪を防げるようにしていく。 ○トイレトレーニングや、食事など、生活のなかで自分で行えるところを行うようにする。

		ねらい	環境・構成	予想される子どもの活動	配慮事項
養護	生命	○いすにきちんと座り、落ち着いて食事をし、三角食べをしながらバランスよく何でも食べる。 ○生活の流れを覚え、基本的生活習慣が身につく。 ○排泄の有無がわかり、一日を通してパンツで過ごしていく。	○いすに座ったとき足が床についているか、まっすぐ前を見ているかを確認し、声掛けをする。 ○自分で行動することで習慣になるようにする。 ○トイレを清潔にし、行きやすい環境をつくっていく。	○いすに座る際、まっすぐに前を向き、足をきちんと床につけるようになる。 ○三角食べを身につけていく。 ○パンツで過ごすことが習慣となり、自分からトイレへ行ったり、保育教諭に排泄の有無を伝えたりする。	○いすの座り方や三角食べを伝え、少しずつマナーよく食べられるように導いていく。 ○何でも進んで行えるように促していく。 ○家庭との連携を通し、トイレトレーニングをし、パンツで過ごせるように促していく。
養護	情緒	○自我の発達により、何でも自分でやろうとする。安心できる保育教諭のそばで、自分の思いを伝える。 ○着脱の意欲が高まり、保育教諭の手助けがなくてもできる部分が多くなる。 ○周囲の存在を認めつつ、自己肯定感が育つ。	○ゆったりとした空間のなかで、一人ひとりの話を聞く環境をつくっていく。 ○着替えやすいように用意をしていく。 ○友だちやいろいろな人とかかわるようにする。	○何でも自分でやろうとし、できないときには手助けをしてもらいながら行う。 ○思いや欲求を伝え、受け入れてもらう満足感を覚えるなかで、安定した生活を送る。 ○自分や周りの人を認めていく。	○自分でしようとする気持ちを大切にし、できたときの達成感を持てるように促していく。 ○やり方をわかりやすく伝え、衣服の着脱を促していく。 ○子どもの思いを受け止め、声掛けをしながら、気持ちを安定させていく。
教育	健康	○空気の乾燥に注意し、十分な水分補給や、窓の開け閉めに配慮していく。 ○寒さに負けず戸外で思いきり体を動かしてあそぶ。 ○健康的な生活リズムを身につけ、友だちと一緒に楽しんで活動に取り組む。	○天候などに配慮し、乾燥に注意していく。 ○戸外に出る際の衣服に留意しながら、安全にあそべるようにする。 ○落ち着いた環境づくりをしていく。	○水分補給や空気の入れ替えをしてもらい、健康に過ごす。 ○散歩に行き、友だちや保育教諭と楽しんで歩き、ルールを守って行動する。 ○生活リズムを正しくし、自分から進んで活動に取り組む。	○天候に配慮しながら換気を行い、水分補給を促していく。 ○外に出るときの服装に配慮していく。 ○食事や睡眠等のリズムを整えていく。
教育	人間関係	○物事の善悪に興味を持ち、相手の気持ちを考えながら行動するようになっていく。 ○地域の人や異年齢児とかかわり、さまざまな経験を通し、思いやりやゆずる気持ちを持つ。	○さまざまな人とのかかわりのなかで、周りのことも考えていけるようにしていく。 ○行事などを通し、親しみや仲間意識を持てるようにしていく。	○よいこと、悪いことが少しずつわかるようになり、友だちに優しくしたり、ルールを守って行動したりする。 ○散歩や行事などを通し、さまざまな人と喜んでかかわる。 ○自分以外の人を大切にしようと思う。	○なぜ、どうしてをくり返し話し、理解を促していく。 ○相手に思いやりを持てるように導いていく。 ○さまざまな人とかかわれるように導いていく。 ○ルールやマナーを知らせていく。
教育	環境	○色や形に興味を持ち、違いがわかったり、同じものがわかるようになる。 ○冬の自然に興味、関心を持ち、見たり触れたりする。 ○片づけを進んで行う。	○遊具や絵本など身近にあるものを通して色や形に興味を持たせる。 ○雪や氷の冷たさ、小動物の動きなどをじっくり見られるようにする。 ○みんなで協力して片づけを行えるようにする。	○身近なものに興味を持ちながら、色や形の違いを知り、興味を持つ。 ○冬の自然に触れながらあそび、興味を持つ。 ○片づけを行うときには、ていねいにする。	○色や形を見せながら、その違いや、どんなものかということを知らせていく。 ○実際に見たり、触れたりする機会をつくっていく。 ○片づけをすることできれいになる心地よさを感じられるよう導いていく。
教育	言葉	○他の子とのやり取りが増え、思いを言葉にして伝えようとする。 ○その場に応じた答えを考えるようになる。 ○絵本や紙芝居の内容を理解しながら見ていけるようにする。	○友だちとのやり取りのなかで、言葉が増えるようにしていく。 ○言葉をわかりやすくくり返していく。 ○興味のあるものを読んだり見たりできるようにしていく。	○言葉の数が増え、楽しんで友だちとのやり取りを楽しむ。 ○問いかけや、あそびのなかで、適応した言葉を使う。 ○好きな絵本や紙芝居を見て、思ったことを伝えたり、内容の理解が深まる。	○落ち着いた空間のなかで、楽しくやり取りをするよう促す。 ○ゆっくりとくり返しわかりやすく伝えていく。 ○絵本の見やすい位置や読むときの速度に配慮していく。
教育	表現	○好きな歌や生活の歌を友だちや保育教諭と一緒に歌うことを楽しむ。 ○手あそびを楽しんでまねをしてあそぶ。 ○素材に興味を持ち、作ることを楽しみ、さまざまな色や形の物を作っていく。	○歌いやすい速度でピアノを弾くようにする。 ○手あそびをくり返し行っていく。 ○さまざまな素材や形、色に触れられるよう用意をする。	○友だちと一緒に並んで、声を出して歌う。 ○ピアノの音をよく聴く。 ○覚えた手あそびを進んで行い、楽しむ。 ○素材の感触や変化を楽しみ制作をする。	○元気に歌う見本を示し、楽しめるよう促していく。 ○手あそびは季節のものや、体の部位を動かせるようなものを取り入れていく。 ○驚きや発見、想像力を発達させていけるようにする。
食育		○節分の由来を知り、豆まきに興味を持って参加する。 ○節分の行事食を楽しんで食べる。 ○スプーンを使い、進んで食べる。	○絵本から節分の由来と大豆の成長について知り、楽しんで豆まきに参加する。 ○行事食から節分に興味を持ち、味わって食べる。 ○スプーンを使うように声掛けし、援助する。	○豆に興味を持ち、楽しんで豆まきを行う。 ○行事食を喜び、進んで食べる。 ○スプーンを持ち自分で食べようとする意欲を持つ。	○豆まきを思い出しながら行事食を食べられるよう声掛けをする。 ○楽しい雰囲気のなかで、旬の食材に触れさせながら、意欲を引き出していく。
健康・安全		○手洗い、うがいを行い、感染症の予防をしていく。 ○避難訓練で、避難する際に友だちを押したりせず、話を聞き行動する。 ○交通ルールを守り、道路の端を歩き、車などに注意しながら散歩に行く。	○石けんできちんと手を洗うことや、ガラガラうがいを促す。 ○避難時の「お・か・し・も」について知らせていく。 ○散歩では、一人ひとりが危険のないように手をつなぐ。	○自分から進んで手洗い、うがいをしていく。 ○避難訓練で「お・か・し・も」について知り、守って行動する。 ○散歩では、外での危険を知り、ルールを守り、しっかりと話を聞く。	○なぜ手洗い、うがいをするのかを知らせる。 ○避難訓練では約束をしっかりと伝え、守っていけるようにする。 ○交通ルールなどを守りながら、散歩を楽しめるように促していく。

自己評価	○節分や豆まきなどの行事や、冬ならではの雪に触れ、季節の移り変わりを知っていけるようにした。 ○感染症がはやった時期だったので、防げるように、こまめな手洗い、うがい、換気をした。 ○排泄や着脱などを自分でしようとするように促していった。	**子どもの評価**	○友だちや保育教諭と会話をし、かかわりを多く持って、行事や生活を楽しんでいくことができた。 ○外の景色の変化を興味を持って見るなど、さまざまなことに意欲を持つようになった。 ○自我の芽生えから、思い通りにならないと全身を使い訴えたりしていたが、話していくことで納得し、さまざまなことを自分の力で行い、挑戦しようとしていた。 ○地域の人に進んであいさつをし、かかわっていた。

3月 月間指導計画案

20XX年度 1歳児 ○○○ぐみ

園長	主任	担当

これまでの子どもの姿	○身の回りのことを積極的に自分で行おうとする。 ○冬の寒さを感じながら、戸外で体を動かす。 ○言葉を使うことを楽しみ、友だち、保育教諭と話をする。
月のねらい	○進級に備える。
行事	○ひな祭り会 ○誕生会 ○身体測定 ○避難訓練（火災） ○お別れ会 ○卒園式
保護者支援	○保護者が不安なく子どもの進級を迎えられるよう十分に連絡を取り合う。 ○子ども一人ひとりの年間の成長を保護者に伝え、ともに喜び合う。

		ねらい	環境・構成	予想される子どもの活動	配慮事項
養護	生命	○生活リズムが整い、食事・排泄・睡眠・着脱等が身につき、ゆったりと過ごす。 ○一人ひとりの自我の育ちを見守り、自分でしようとする気持ちを大切にする。	○一日の寒暖の差があるので、一人ひとりの体調に留意し、室温を一定に保ち、換気をこまめに行う。 ○自分でしようとする意欲が持てるよう促していく。	○生活習慣が身についてきて、安定して過ごす。 ○自分でしようとする意欲が高まる。	○一人ひとりのリズムを把握し、積極的に行えるよう促していく。 ○できたことを十分に認め、ほめていくことで、つぎにつなげる。
	情緒	○意欲を認めてもらい、進級への期待を持ちながら過ごす。 ○排泄の流れが身につき、衣服の着脱とトイレの使い方を知り、進んでトイレに行く。 ○興味、関心、発見をさまざまなことへつなげる。	○自分でできることを増やせるよう、当番活動も取り入れていく。 ○トイレの使い方がわかるよう、絵本などで伝えていく。 ○いろいろな遊具を準備し、安全確認をする。	○当番活動などをし、自分が行ったという満足感を得る。 ○自らトイレに行きたいことを伝えられるようになり、パンツで過ごす。 ○何事も自分でやりたいという気持ちを持つ。	○成長を喜び、進級することへの期待を持ち、さまざまなことに挑戦できるようにする。 ○順序よくトイレに行けるよう促していく。 ○自分でやる気持ちを大切にし、さりげなく手を貸していく。
教育	健康	○春の日差しを浴びて、戸外であそぶことの心地よさを十分に味わう。 ○衣服の調節をしながら、健康的に過ごす。 ○ボタンのつけはずしを行うなかで、指先の細かい動きが上手になってくる。	○衣服の調節を行い、快適に過ごせるようにしていく。 ○着脱しやすいように衣服を置いたり、援助したりする。 ○大きいボタンからつけられるよう、あそびのなかから行っていく。	○散歩を楽しみにし、列をつくって歩く。 ○保育教諭に手助けをしてもらいながらも、自分で着脱をする。 ○どのようにしたらボタンをはめられるか考えながら行っていく。	○暖かさを伝えて戸外へと促し、楽しめるようにしていく。 ○気候の変化や活動に合わせて衣服の調節をし、厚着にならないようにする。 ○ボタンのつけはずしの練習ができる遊具を準備する。
	人間関係	○異年齢児とかかわりながらあそぶことを楽しみ、よいところをまねる。 ○他の子とのかかわりのなかで、思いやる心を持ち、友だちと積極的にかかわる。	○周りの友だちを大切にすることができるよう促していく。 ○集団であそぶ機会を多く持ち、遊具等もいろいろ準備する。	○年上の子のよいところをまね、年下の子には優しく接する。 ○自分がされてうれしいことを友だちにもし、嫌なことはしない。	○よいところを認め、ほめていくことで、さらに行おうとする気持ちを持たせていく。 ○よいこと、悪いことを知らせていき、理解できるよう促していく。
	環境	○行事を通し、由来や飾り、制作に興味を持ち、楽しむ。 ○春の暖かさや、植物・小動物の動きに興味を持っていく。	○ひな壇を飾ったり、紙芝居を読んだり、部屋の飾りを工夫したりする。 ○植物や小動物を見る機会をつくる。	○行事に興味を持ち、歌ったりあいさつをしたりする。 ○散歩に出かけ、日差しや風の暖かさを感じ、興味を持つ。	○それぞれの行事について話し、春という季節を感じていけるようにする。 ○散歩先では、春の芽吹きに気づけるよう声掛けし、春の訪れに共感できるようにする。
	言葉	○保育教諭や友だちの話を集中して聞こうとする。 ○多くの言葉を適切に場面ごとに使うようになってくる。 ○経験したことを言葉で表現しようとする。	○目を見て話を聞けるよう促す。 ○場面ごとに絵本を使って言葉を知らせていく。 ○会話を促す環境をつくる。	○相手の目を見て、静かに集中して聞く。 ○話すことの楽しさを感じ、必要な言葉を場に応じて使う。 ○楽しんで話そうとする。	○目を見て聞こうとしているか、確認しながら話す。 ○生活のなかで、その場に応じた言葉が使えるよう促していく。 ○気持ちをくみ取り、受け止める。
	表現	○一緒に歌ったり、手あそびをしたり、リズムに合わせて体を動かしたりすることを楽しむ。 ○見たものや聞いたことを伝えようとし、疑問を持ったりする。	○体全体を使い、意欲を持ってあそべる曲を選ぶ。 ○いろいろなことを経験し、感じられるようにする。	○手あそびなどのまねをして楽しむ。 ○くり返し同じ表現をして楽しむ。	○一緒に楽しみながら体を動かすことができるように促す。 ○さまざまな経験を通し、自分なりに表現できるよう導いていく。
食育		○スプーンを正しく持ちながら、姿勢を正し、きれいに食べることを意識し、ひとりで全部食べる。	○食器を置く位置などを図で示し、わかりやすくする。	○スプーンの持ち方を意識し、最後まで自分で食べる。	○スプーンを上手に持てていることを認め、おいしく楽しく食べられるよう促す。
健康・安全		○避難訓練では一年を振り返り、「お・か・し・も」の約束ごとや避難のしかたを確認し、行動する。 ○危険回避をみずから行う。 ○食前に手洗いしたり、食後口を拭いたりし、清潔に保つことの気持ちよさを感じる。	○再度「お・か・し・も」について話していく。 ○危険なところには、目印をつけ、わかりやすくする。 ○手洗い場や口拭きを清潔にする。	○「お・か・し・も」の約束を言うようになり、上手に避難する。 ○よいこと、悪いことを判断し、行動する。 ○自分で汚れたことに気づき、清潔にしようとする。	○一年間を振り返り、避難訓練をどのように行ってきたか子どもと話し合う。 ○判断を促すような声掛けを行っていく。 ○自分でやってみようとする気持ちを持たせていく。

自己評価	○自分で進んで行動したり、活動に取り組んだりすることができるよう、声掛けし、促していったので、できた喜びを感じながら楽しく行うことができた。 ○援助のしかたや声掛けのしかたなどに配慮した。
子どもの評価	○自分で行うことの範囲がだんだんと広がってきて、できる喜びや、できた満足感を得ながら、毎日成長を感じることができた。 ○一年を振り返りながら、言葉にしたり、表現したりする楽しさを感じられた。 ○基本的な生活習慣が身についてきて、積極的に行動していた。

あそびの力

近年、子どもの脳科学や発達行動の研究が進んできて「赤ちゃんや子どもをどうとらえればいいのか」という本質的なところがわかってきました。

生後まもない赤ちゃんの脳と大人の脳を比べると、大きさや重さこそ違うものの、構造的には差がないと言われています。赤ちゃんと大人の能力の差を生みだす要因は、大人に比べて脳を使いこなす機能が未発達であること。そのため赤ちゃんは何もできないと思われがちですが、五感を含む機能は、未熟でもそれなりに働いていると言われています。お母さんの匂いや声、さらには話す言葉を区別することができたり、自ら動くことにより周囲の環境を学習し認識できたりします。そのため、この時期の私たち大人の仕事は、安全な場を用意して、赤ちゃんが自由に動き、自らの世界をつくりやすくしていくことであったり、赤ちゃんのメッセージをきちんと受け取り、応答していったりすることだと考えます。子どもは、こういった大人のかかわりとあそびを通して五感を刺激し、生きる力を身につけていくのです。

ここで、保育の世界で長い歴史をもつ教育的玩具である絵本を、0歳児の子どもたちに読み聞かせるなかで、どのような力が育ったかを検証した事例を挙げてみたいと思います。生後6か月未満の月齢の低い子どもたちは、読み始めたころは絵本や保育者の声に対して反応が薄かったのですが、毎日のくり返しにより、絵本が始まるときの歌声や絵本のなかの同じ言葉のくり返しに、手や足をバタバタさせて反応するようになってきました。また、興味のある絵本や言葉のリズムの場面が出てくると、見つめるだけであったのが、回数を重ねるごとに、喃語を発したり、他の子どものあいだをかき分けて絵本に近づいたりと、意思表示があらわれてきたのです。

絵本という媒体ひとつ取っても、経験を積み上げることにより、色・形の認識、言葉の理解、絵本の内容の理解、数の認識・知識の習得、手・指の感覚と機能の発達、集中力（聞く力）、他の子どもとのコミュニケーション、情緒の安定などの力がついてきます。保育者が、何を育てたいのか、育ってほしいのかを、しっかりと意識してあそび（保育）を提供することが、子どもが生きていくうえでの力になると考えます。

田和 由里子（春日こども園）

活動別に見る発達
養護と教育のポイント

睡眠

1か月〜1歳以上

1 眠り中心の生活の時期
1〜3か月ごろ

○生活の大半を眠って過ごす。
○昼夜の区別がついていない。
○眠りと目覚めをくり返しながら、しだいに目覚めている時間が長くなってくる。

check

□ 乳幼児突然死症候群（SIDS）の予防
眠っているからといって安心するのではなく、保育者が必ずひとりは赤ちゃんのそばで顔色や呼吸の有無などを観察・記録する。あお向けに寝かせる。

教育的視点

一日の大半を寝て過ごす赤ちゃんは、昼夜のリズムよりも自分自身のリズムによって、寝たり起きたりしています。周囲が明るいときは自発的に目を閉じて自分の好む環境をつくり出したり、音がしても眠っていたりしています。また反対に周りが暗くても静かでも目覚めたりもします。脳と体がぐんぐん成長するこの時期は、環境に慣れていく力が赤ちゃんには欠かせないのです。

2 昼夜のリズムの確立時期
4〜7か月ごろ

○昼間目覚めている時間が増える。
○昼夜のリズムが確立し、夜間の睡眠時間もしだいに長くなる。
○寝入りばなや目覚めにぐずったり、泣いたりする。

教育的視点

眠くなると、「手足が熱くなる」「機嫌が悪くなる」「目がうつろになる」「指しゃぶりを始めたり、だっこを求める」といったことが見受けられます。サインを見逃さず、安定した状態で入眠できるよう配慮します。睡眠時には成長に欠かせない大切なホルモンが分泌されることも忘れずに。

「寝る子は育つ」と言われますが、睡眠は子どもの成長発達を促す重要な営みです。気持ちよく起きているためには、気持ちよい眠り、つまり質のよい睡眠とすっきりした目覚めが必要です。乳児の睡眠は昼夜の区別のないところからおよそ1年をかけて昼と夜のリズムを形成します。睡眠は生命を維持するため、覚醒時に正常な脳の活動が行われるために必要なものです。昼と夜のリズムは家族や社会のなかで育つことによって確立されていきます。

3 午前寝と午睡をする時期

8～12か月ごろ

◯一日の睡眠時間が14時間前後となり、午前と午後の眠り（午睡）になってくる。
◯眠くなると特定の保育者を求めるなどして、安心して眠る。
◯自分の眠る場所がわかり、その場所であると安心して眠れる。
◯目覚めたとき、なじんだ保育者を求め、見つけると安心する。
◯寝入りの心地よさが、目覚めの心地よさにつながる。

4 午睡に移行する時期

1歳ごろ以降

◯日中の眠りが定着せず、その日によって眠る時間に違いが見られる。
◯午前寝（だんだん時間が短くなる）と午後寝（午睡）をくり返しながら、午後寝の日が多くなってくる。
◯食事時間に眠くなり、機嫌が悪くなったりする。
◯睡眠時、特定の保育者とのかかわりを求め、特定の保育者だと安心して眠ることが多い。
◯自分の眠る場所にこだわり、その場所で安心して眠る。

心地よい眠りの環境

なるべく静かに、ほどよく暗くし（真っ暗では子どもの様子がわからない。また、災害などが発生した場合にスムーズに避難させるための配慮。さらに、夜の睡眠との違いを感じさせるため）、温度・湿度・換気の配慮をします。眠りについてからしばらくは、かなりの汗をかきます。特に夏場は、汗をかいているからといって冷房を効かせすぎると、そのあと体が冷え過ぎて、風邪をひいてしまうので注意しましょう。

教育的視点

一人ひとりの眠るときの癖を把握しましょう。「だっこでよく眠る子」「おんぶでよく眠る子」「物音がするたびに手足をびくつかせ目覚めてしまう、音に敏感な子」などがあります。タオルでくるんで優しくトントンしたり、頭をなでたりして、ボディータッチで安眠に誘いましょう。眠る前に絵本を読んで気持ちを落ち着かせたり、子守歌をうたったり、静かな音楽をかけたりすることも効果的です。
また、目覚めの心地よさにも配慮しましょう。目覚めたとき、子どもの見える位置にいることが、「いつでもそばにいるよ」というサインになります。だれかと一緒にいることの安心感が大人への信頼を育み、生涯にわたって支えられて生きることへのイメージへとつながっていきます。

活動別に見る発達
養護と教育のポイント

授乳～離乳食の始まり

1 授乳中心のころ

0～4か月ごろ

○最初は授乳のリズムが整わず不規則である。
○空腹になると不快を感じてぐずったり泣いたりする。
○手を口に持っていって吸う。
○離乳食のスタートまでに授乳のリズムが整い、食べ物を見ると食べたそうにしたり、手に握ったものを口に当て、なめたりする。

ミルクの準備

①哺乳瓶を大2本小1本準備する（各自に合わせる）。
②ミルクの場合は、一人ひとりに合わせて銘柄を確認する。母乳の場合は直接授乳か冷凍母乳かの確認をする。
③低出生体重児やアレルギー児には、専用ミルクについて話し合う。

調乳の方法

①指先、爪、手全体をきれいに洗う。
②哺乳瓶に70℃以上のお湯（一度沸騰したもの）をできあがり量の3分の2入れる。
※一度沸騰したものを30分以上放置しない（70℃以下になる）。
③粉ミルクの量を正確にはかり、入れる。
④振って溶かす（泡を立てないように軽く振る）。
⑤お湯を足す（できあがり量まで入れる）。
⑥キャップをかぶせ、左右にゆっくり振って溶かす。
⑦ミルクを冷ます（人肌程度。30～40℃）。
※手首の内側に少量のミルクを垂らして温度を確認する。
⑧授乳開始。
※複数調乳した場合は名前を確認する。
※授乳後、残ったミルクは捨てる。

授乳の方法

①首のすわりがまだ十分でない場合、頭部の後ろに手を入れ、もう一方の手でおしりを支えて、しっかり抱き上げる。

②抱き上げたら赤ちゃんの頭を保育者のひじの内側に移し、その手のひらで赤ちゃんのおしりを支える。抱き寄せる感じ。

③角度に気をつけながら哺乳瓶を傾け、乳首までミルクをいっぱいにして、赤ちゃんの口にそっと含ませる※。静かな、ゆったりとした雰囲気のなかで飲ませる。
※赤ちゃんの舌の上にのせて、深くくわえさせないと、空気を一緒に吸い込んでしまう。

④立てて抱き、排気(げっぷ)を促す※。授乳後、落ち着くまで15分はそのままだっこして過ごす。
※斜めに抱き、あごをそらさせ、背中を軽くたたいて排気（げっぷ）をさせる方法もある。

教育的視点

保育者との1対1のかかわりには、生命の保持と、情緒の安定、そして愛着行動の確立へと、人間として生きるための根本的な内容が潜んでいます（3つの視点がしっかり含まれています）。「おなかがすいたのね」と授乳してもらうことにより、不快の状態から解放され、何となくこの不快感は「おなかがすいた」という意味であることがわかってきます。「おなかがすいた」という欲求へのタイミングのよい対応は、赤ちゃんの生理的欲求を満足させ、周りの大人に対する信頼感を育みます。

人間の子どもは、生理的早産とも言われるように未熟な状態で生まれます。消化吸収機能は未熟でありながらも新陳代謝はさかんで、成長・発達の著しい乳児は、1kgあたり成人の2〜3倍の各種栄養素量を必要としています。子どもの生理機能に合わせた栄養の供給が必要です。乳児期は月齢差・個人差が大きいため、一人ひとりの食事のあり方を細かく考えましょう。

2 離乳食の始まり（ゴックン期）

5〜6か月ごろ

○離乳食は、ミルクだけでは不足する栄養を補い、母乳やミルク以外の味に慣れ、固形物をかめるようにするものである。
○食事の習慣を身につけるという社会的・文化的意味合いもある。何をいつ、どのくらい食べるかということと同様に、どういう雰囲気のなかで、誰と、どのように飲んだり食べたりできたかが重要。
○母乳やミルクを飲むのとは違う舌の動かし方を学び、いろいろな食材の味や香りなどを体験する。

離乳食の始め方

○まずスプーンに慣れる。
○「歯が生え始める」「唾液の分泌が増え、よだれが多く出るようになる」「大人が食べている姿を見ると、もぐもぐ口を動かすようになる」などのサインが見えたら始めてみる。
○食べられるもの（初めての食材は家庭で食べてから）
10倍がゆ／野菜などを煮て裏ごししたもの／白身魚
○開始するきっかけの例→目覚めたあと機嫌よく、手足を動かしてあそんでいる。近くで離乳食を食べている子どもをじっと見ていたので、だっこして「食べてみようか」と言いながら、顔にスプーンを近づけてみる。口を開いたので、舌先にスプーンをのせるとチュッチュッとなめた。

check

□ アレルギーの子どももいるので、最初の一口目は家庭の食事からお願いしましょう。
□ 午前の離乳食のあとの排便もチェックし、進めていきましょう。

離乳食の食べさせ方

①スプーンの先の部分に離乳食をのせ、軽く下唇にスプーンを当てて口を開くよう促す。

②口を開いたら、舌先にスプーンをのせ自分で取り込むのを待つ。スプーンを奥まで入れすぎると、そのまま飲み込んでしまう。

③舌と上あごでつぶし、飲み込む。このとき、口角が左右に伸び縮みしているか確認する。

ステップアップ

①ベタベタ状の離乳食をじょうずに飲み込める。
②主食・おかずを合わせて、１回に子ども茶碗半分ぐらいは食べられる。
③１日2回の離乳食を喜んで食べる。

これができたらモグモグ期へ

教育的視点

離乳食を与えるのは、非常に神経を使うことで、子どもの反応や表情から目を離すことができません。しかし、子どもをじっと見ていなければならないからこそ、微妙なしぐさや反応を読み取ることができるのです。そのやり取りを通して、子どもと保育者の愛着関係が深まっていきます。

活動別に見る発達
養護と教育のポイント

離乳食

中期～完了期

1 離乳食中期（モグモグ期）

7～8か月ごろ

下の前歯が生え始める
（7～8か月ごろ）

上下の前歯が４本生える
（8～9か月ごろ）

○あごと舌が上下に動くようになり、舌で食べ物を口蓋に押しつけて「モグモグ」と咀しゃくできるようになる。表情や口の動き、口の中を確認しながら離乳食を進める。
○舌でつぶせる固さのものが食べられるようになるので、舌の前方部で食べ物が取り込めるように援助する。
○液状の食品は平らなスプーンを横向きにして下唇の上にのせ、上唇を食品に触れさせて閉じるのを待つ。
○1日2回食で食事のリズムをつけていき、育児用ミルクは離乳食の摂取量により、子どもの様子を見ながら、1日2～3回程度与える。

教育的視点

顔が見えるように向き合い、保育者が口の動きや舌の動きの手本を見せて、まねをさせましょう。楽しく穏やかな雰囲気をつくることで、子どもが食事とは楽しいものだと知り、意欲的になれるよう、援助をしていきます。

2 離乳食後期（カミカミ期）

9～11か月ごろ

前歯が8本生えそろう
（1歳前後）

○あごと舌が左右に動き、口の中で食べ物を寄せて、歯ぐきでつぶして咀しゃくする。
○口の前方部が敏感で大きさや固さを感じやすいので、丸いくぼみのあるスプーンを下唇にのせ、取り込みやすいよう援助をする。
○前歯を使い、ひと口量を取り込む練習をし、前歯でかじり取らせる。つぶせないものは丸のみをしてしまうので、食物繊維の多い野菜は、細かく切るとよい。
○食べる子どものペースと意欲を尊重していくことが大切。
○食事のリズムを大切にし、1日3回食に進めていき、育児用ミルクは1日2回程度与える。

教育的視点

食べ終えたら、口の周りやあごを拭き、清潔を保ちましょう。食に対する関心が広がるので、興味が持てるように「おいしいね」などと声掛けをします。「カミカミ、ゴックン」と言葉を掛けて伝え、あごの動きと咀しゃくの様子を確認していきましょう。

乳児の食事は、保護者・保育者・看護師・栄養士・調理員の連携のもとで進めることが大切です。食事は、生命を維持するための栄養の摂取だけでなく、生活のしかたや、人とのかかわりを身につける場でもあります。ゆっくり食べながら食事の楽しさも味わえるようにしましょう。

3 離乳食完了期
12〜18か月ごろ

第1臼歯が生え始める（1歳4か月ごろ）

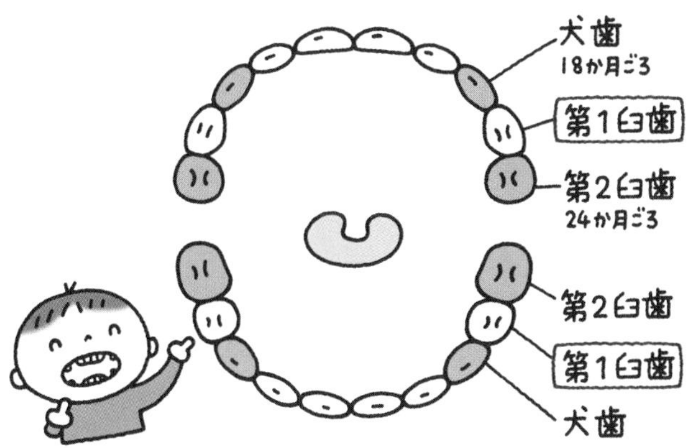

○あごと舌が自由自在に動くようになる。前歯を使ってひと口量をかみ切ることができる。
○歯ぐきでかみつぶせる固さのものを与える。
○手づかみで食べられるもの、スプーンを用いて食べるものを伝えながら、正しいスプーンの使い方を教えていく。
○汁物は少量よそい、食器を両手で持たせ、ゆっくりこぼれないように口に誘っていく。無理をして、食事がいやにならない配慮をする。
○テーブルといすの高さが合い、正しい姿勢で食事に臨めることが大切。
○1日3回の食事のリズムを大切にする。離乳の完了とは、栄養を食べ物から摂り、育児用ミルクなどを飲んでいない状況を言う。

教育的視点

ひと口の量を自分で覚える時期です。スプーンを使う動作の基本を学び、食習慣を身につけていけるよう援助しましょう。汚れても口や手を拭けるようにぬれタオルを用意し、清潔な状態を子ども自身が“快”と思えるような食事環境を整えます。

4 幼児食移行期
19〜24か月ごろ

第1臼歯が生えそろう（1歳7か月ごろ）

○唇と口角は、意識的に自由に形を変えることができる。
○奥歯でかめる固さの離乳食が食べられる。スプーンなどを用い、食べ物をひと口大に切ることができるようになる。
○生活リズムを整えることで、食事時間に空腹を感じられるようになる。
○友だちとのかかわりと保育者との信頼関係で、食事がおいしく楽しいものになってくるので、和やかな雰囲気をつくることが大切である。
○口や手が汚れたら、子ども自身が気づき、ぬれタオルで拭くよう声掛けをする。

教育的視点

食事の前に排泄・手洗いをすませることや、「いただきます」「ごちそうさま」のあいさつをする習慣を身につけていきます。食べる意欲を尊重し、保育者の援助は必要最低限にします。「いっぱい食べたね」とほめて自信や達成感につなげ、ひとりでできることが増えるよう、声掛けを意識的に行っていきましょう。

活動別に見る発達
養護と教育のポイント

排泄 ①
おむつからおまるへ

1 おむつのころ

おむつがぬれると泣いて知らせる。
替えてもらうと泣きやむ。

check

□ おむつの替えすぎに注意!!
目覚めたあとや、食事の前後などの「生活の節目」を目安に交換する。必要以上に替えすぎると、子どもも落ち着かない。紙おむつは、吸収がよいからといって長時間替えないのもよくない。時間を決めて交換して、生活リズムを伝えていこう。使い捨て手ぶくろの使用を忘れずに!!

ねんねだけの時期から腰が安定し、お座りがじょうずになり、つかまり立ちができるようになったら、そろそろ紙パンツに移行してもよい。

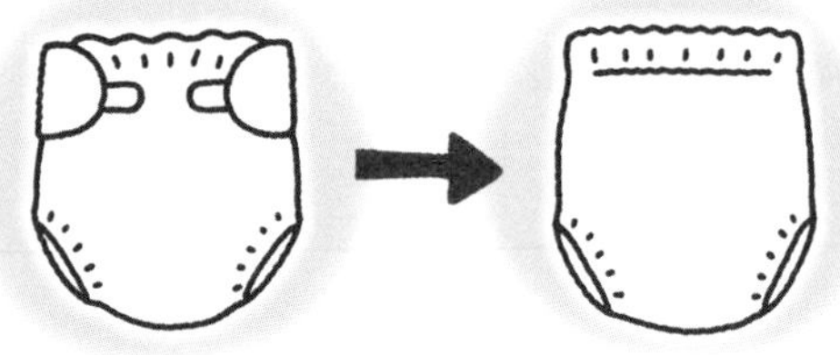

おむつ替えの方法

おむつ替えは、スキンシップをとる大切な時間。「きれいにしようね」「気持ちいいねえ」「きれいになったね」などの声掛けが大事。月齢が高くなったら、片方の手を腰の下に入れておしりを持ち上げ、おむつを交換する。

布おむつの場合

布おむつは、おむつカバーの真ん中に縦に置き、股だけにあたるようにする。おむつカバーからはみ出しているおむつは、きっちりと中へ入れる。

教育的視点

新生児期は、ひんぱんにおしっこやうんちをします。この時期のおむつ交換は、回数が多いですが、毎回「きれいにしようね」「気持ちいいね」など、言葉掛けをしながら行いましょう。おむつ交換は、スキンシップの機会でもあり、コミュニケーションの入り口でもあります。

赤ちゃんの排泄は、食事や睡眠のリズムに合わせて、だんだんと一定になります。おしっこがたまると、刺激を与えられることで、反射的に排尿するようになっています。また、赤ちゃんはおむつが汚れると、気持ちが悪くて不快感を訴えて泣きます。こまめにおむつを替えることは、清潔を保ち、生活習慣を身につけるうえで、大切なことです。

2 おまるに座ってみよう

排尿間隔が２時間以上と長くなってきたら、おまるに誘ってみよう。

開始のポイント

○お座りが安定する。
○あんよがじょうずになる。
○おしっこがためられるようになり、午睡後などにおむつがぬれていない。

おまるの始め方

○おまるはおしっこをするところだと知らせる。
○無理はしないで、嫌がらずに座るところから始める。
○おしっこが出たら、しっかりほめる。
○「おしっこしーしー」などの言葉掛けをする。
○保育者のあせりは禁物。

教育的視点

おまるに座ったからといって、すぐに出るようになるものではありません。子どもの性格や排泄リズムなどを確認しながら、けっして無理強いせずに進めていきましょう。自分から座りたいと思うようになることが大切です。

check

□ 明るい雰囲気の場所におまるを置く。特別な場所ではなく、部屋の中の端のほうで保育者がそばで見守れる所がよい。

活動別に見る発達
養護と教育のポイント

排泄 ②
トイレトレーニング

1　トイレトレーニングの開始
1歳～1歳6か月ごろ

○1歳を過ぎたころには、膀胱にある程度尿をためられるようになってくる。トイレに興味を持たせ、慣れさせる時期。午睡から目覚めたときは排尿のタイミングが合いやすいので、トイレに誘ってみる。慣れるまでは、そばから離れずに見守ること。

○トイレトレーニングをスムーズに進めていくためには、家庭との連携が大切。パンツに切り替える時期や、日々のトレーニングの様子などを保護者に伝え、家庭でも意識してもらえるようにしよう。

トイレの使い方
最初は座り方も不安定なので、ズボンやパンツは脱がせるようにし、慣れてきたら衣服をずらしてできるように進めていく。

洋式
いすに座るときと同じ位置に立ち、深く腰掛ける。

和式
便器の中央でまたいでから、しゃがむ。

教育的視点

1歳児は歩行が自立し、より生活空間が広がります。目の前の新しい世界への探索行動に心を動かし、自分から働きかけるようになります。そして、自分でしようとする気持ちが育ってきます。その気持ちをトイレトレーニングにつなげていきましょう。
一人ひとりの排尿間隔を把握し、しぐさや表情を見てタイミングを計り、トイレへ誘ってみます。見通しを持ち、さりげない援助をしながらやり方を示すなどして、子どもが達成感や満足感を味わえるようにしていきましょう。

1歳半を過ぎると、肛門や膀胱の括約筋の働きと、大脳の結びつきができ始め、排泄の間隔や回数が決まってきます。一人ひとりの排泄の間隔やサインを見逃さず、トイレに誘ってみます。トイレに対して心地よく排泄できる場所であるというイメージが持てるように、環境づくりも工夫していきましょう。

2 トイレトレーニングを進める

1歳6か月～2歳ごろ

○排泄に関する神経が成長してくると、おしっこが出る感覚もわかってくる。トイレで排泄できたときは、たくさんほめる。本人に自信をつけると同時に、その様子を見ている他の子の意欲にもつながり、全体的な相乗効果が生まれる。

○暖かい季節のほうが、トレーニングが進めやすい。
○気にしすぎて神経質になると、失敗が増えてくる。一定の間隔を守って誘うことが大切。

○食事や午睡前など、活動の切り替えどきに声を掛けていくと、活動を見通す力を育むことにもつながる。

教育的視点

排泄の習慣づけは、急ぐと逆効果です。できたときは十分にほめ、間に合わなかったときは優しく声を掛けながら着替えをし、気持ちよさを伝えます。また、友だちがしているのを見ることで、自分もやってみたいという気持ちもふくらみます。みんなで一緒にトイレに行く時間をつくり、誘ってみましょう。個々の発達や家庭環境も考慮し、保育者間や家庭との連携を取りながら、進めていきましょう。

check

□ トイレを嫌がる子・座っても出ない子

慣れないものへの恐怖心からトイレに座ることに不安を感じる子もいる。明るい雰囲気のトイレにするよう、工夫をしよう。好きなキャラクターや動物などの絵を壁に飾るのもGOOD！

活動別に見る発達
養護と教育のポイント

着脱

1 ねんねのころ

○0〜1か月の乳児は、体温調節が未熟で外界の温度に大きく影響を受けやすいので、室温を快適な温度（夏の冷房は26〜28℃、冬の暖房は18〜20℃程度）に保つ必要がある。また、細菌に対する抵抗力がきわめて弱いので、常に清潔を心がけること。新陳代謝が激しいため、脂肪の分泌も多く湿疹ができやすい時期。おむつかぶれもおこしやすいので、十分に気をつける。

○2〜3か月になると動きが活発になってくるので、手足が動かしやすい服を着せる。体温調節機能も発達してくるので、大人より一枚余分に着せるといったことはしなくてよい。

check

□ 衣服の条件

乳児の衣服は身体保護を目的としている。

- 温度調節に適するもの
- 皮膚を清潔に保つもの
- 活動や運動を妨げないもの
- 着脱が容易なもの
- 洗濯しやすく、また洗濯に耐えられるもの
- 安全なもの
- 汚れが目立ちやすいもの
- フードつきは危険が伴うことを忘れずに。

乳児の肌はデリケートなので、汗を吸収したり服と肌がこすれるのを防いだりするために、家庭で肌着を着せてきてもらう。

衣服の着せ方

①着せる服を広げた上に肌着を重ねて、肌着のそでを服のそでに通しておく。

②あお向けに寝かせて、そで口から手を入れて子どもの手を握り、反対側の手で服の肩口を持って、そっと引っぱる。

③両手を通したらスナップやボタンをとめる。

衣服の脱がせ方

スナップやボタンをはずし、脱臼を防ぐため、わきと肩のあたりを軽く押さえて、反対側の手でそでを引っぱるように脱がせる。

※フードつきの服は、両手を脱がしてから首の後ろあたりを手で支えて、反対側の手でフードをめくって脱がせる。

教育的視点

乳児は新陳代謝が活発でよく汗をかきます。特に肌がデリケートなこの時期は、あせもの原因にもなるので、こまめにチェックして着替えるようにしましょう。6か月ごろまでは腕や足の屈伸する力が弱いので、着物式の肌着や前が全部開くベビー服を用います。

0歳児はまだ関節がしっかりしておらず脱臼しやすいので、着脱は腕を引っぱるのではなく、ひじを持って衣服を動かすようにします。目を見て優しく言葉掛けをし、スキンシップをはかりながら着替えをすることが大切です。

子どもは成長発達に応じて、ソックスを引っぱって脱いだり、上着のボタンをかけたりすることに興味を示します。着脱は、早すぎては無理になるし、遅すぎると子どもにやる気がなくなります。ちょうどよい時期を見極めることが大切です。その興味の芽生えを導き出し、育てることによって、子どもが自分でできることから順々に、着脱の習慣を身につけていくことが理想的です。

2 いっしょにしよう

○はいはいするころは、よく動いて汗をかきやすくなるので、上着と股上の深いズボンなど、おなかの出ない動きやすい服がふさわしい。生地は汗を吸収しやすい木綿などで、伸縮性のあるものを選ぶ。

○脱ぎ着させやすい服を選んで着せること。上下で分かれていると、上の服だけ着替えができて便利。また、戸外へ出るときに使う上着や体温調節しやすいベスト、帽子などを用意してもらう。

○子どもが心地よく過ごせるように、暖かい部屋では、はだしで過ごすといい。

上着を着る

①後ろを上にして置く。

②頭を通す。

③片方ずつ手を通す。

④裾をおろす。

上着を脱ぐ

①片方ずつ手を抜く。

②肩まで上げる。

③頭を抜く。

ズボンをはく

①前を上にして置く。

②片足ずつ通す。

③立ち上がる。

④ズボンを上げる。

ズボンを脱ぐ

①ズボンをひざのあたりまで下げる。

②座る。

③足を抜く。

教育的視点

1歳ごろに立てるようになったら、服を着せてもらうための協力動作ができるようになります。「自分でやる」という気持ちが芽生えてきたとき「ばんざいしてね」や「おててはこっち」など子どもに動きがわかりやすい言葉掛けをしながら、自分で着脱しやすいように方法を決めて介助すると自立しやすく、やりたい気持ちを満足させられます。

着替えの服を入れる場所を決めておくと、自分の服がある場所だと認識して、着替えのときに自分の服を取りに行こうとします。「自分で」の気持ちを大切にしたいですね。

活動別に見る発達

養護と教育のポイント

人間関係

1　人間関係のベース

心の栄養

生まれたばかりの赤ちゃんでも、周囲の大人とのかかわりを求めている。授乳途中でミルクを飲まなくなったとき、「○○ちゃん、どうしたの？　飲まないの？」「眠いの？」と、赤ちゃんの目を見ながら尋ねる。このとき、赤ちゃんはミルクという体の栄養だけでなく、他者から目を合わせて語り掛けられるという心への栄養も求めているということになる。

場面場面での大人から子どもへの語り掛けはとても大切。赤ちゃんは、自分から大人とのかかわりを引き出しつつ、他者と出会い、他者と一緒にいる楽しさを感じるようになっていく。

心の発達—コミュニケーション

自分の気持ちを表現する手立てがない赤ちゃんは、泣くことや喃語やほほえみで訴える。この表現にきちんと応えることがとても大切。泣いたら声を掛けて世話してくれる、笑い掛けるとにっこり話してくれる、という経験をくり返すことで、自分が泣いたり声を出したりすれば、必ず温かく対応してもらえ、自分を気持ちよくしてくれるのだという因果関係を学習する。

やがて表現のしかたも泣き方を変えたり、声を出して呼びかけたりと多様化していく。こうしたよいコミュニケーションは、人に基本的信頼感を持つために築いておかなければならない。人を信頼できる安定した心が、新しい体験にチャレンジしていく意欲を赤ちゃんにもたらしてくれる。

教育的視点

誕生後、赤ちゃんが最初に愛着関係をはぐくむ相手は多くの場合、母親です。認定こども園・保育園で長時間過ごす乳児は、保育者とも愛着関係を育むようになります。2歳過ぎに見られる自己主張は、自分への「気づき」です。自分に気づけてこそ他の子どもに気づくことができます。そこから友だち関係が広がり、豊かになっていきます。乳児期の愛着関係は、１歳以上の幼児期の人間関係を育てる大きな基礎となります。

子どもが集団のなかで、または他の人との関係のなかで、相手を信頼し精神的に安定した状態で過ごせるようになるには、何が必要でしょうか。それは、自分に対する高い自己評価です。子どもと大人（保護者・保育者）の信頼関係のなかで身体的・社会的・精神的・知的に助けられ励まされ評価されることによって、自信を持てるようになり、自分への高い評価につながります。その自己評価の高さは、自分を外界へ向ける力の源にもなるのです。

2　保育者を介した周囲とのかかわり

保護者とのコミュニケーション

保育者は、園だけではなく家庭の環境も子どもにとって安定しているかどうか気を配れる存在でありたい。そのためには、保護者との連絡を密に取る必要がある。連絡帳（連絡ノート）の活用はもちろん、毎日の子どもの受け渡し時でのやり取りも、子どもたちの家庭を知る貴重な機会。

教育・保育に欠かせない応答的環境

小さな子どもが何かに興味を持ち、「あれはなんだろう？」「これは音がするのかな？」と思ったとき、子どもがちょっと移動すれば探索・探求でき、欲しい物が手に入るという、働きに対して反応がある環境が大事。

保育者も大事な環境のひとつ

子どもの月齢、年齢が低ければ低いほど、保育者の感性が重要になる。言葉にはならない要求があったときに、「おなかがすいた」「おしっこがしたい」ということだけではなく、もっと細やかに受け止めるには、それを感じ取れる感性が必要。目を覚ましたときに笑顔で声を掛けることで子どもが笑い返してくれたら、自分の笑顔が子どもに届いたことを実感できるだろう。

教育的視点

０歳児は、特定の大人との相互関係のなかで得た安心を基盤に、外界と結びつこうとしています。１歳児は自分から積極的に大人と関係を持ちたい時期です。子どもは大人に助けられながら（方法を教えられながら）、仲間のなかでも自分への自信と仲間への信頼を積み重ねていきます。そうした経験から、相手の性格やあそび方、相手との相性が判断できるようになります。保育者はその関係づくりの「かけ橋」となりましょう。

活動別に見る発達
養護と教育のポイント

言葉 ①

誕生～12か月

1 ほほえみ

誕生～3か月ごろ

寝ている時間が長い時期。機嫌よく目覚めているときは、目を合わせて笑い掛け、話し掛ける。

泣く

「おむつがぬれた」「おなかがすいた」など、このころの泣きの理由は、生理的なものがほとんど。

ほほえむ

生まれてすぐのほほえみは意味があるのではなく、「生理的微笑」と呼ばれる。3か月ごろになると、あやすと笑うようになる。

教育的視点

「空腹」「眠気」「排泄」などは泣くことの主な理由になりますが、他にも「暑い」「同じ姿勢が嫌だ」など、いろいろなことが考えられます。肌着の裏についているタグがチクチクして嫌だということもあります。赤ちゃんにとっての不快な原因を取り除き、安心して過ごせるようにするという対応のくり返しが、お互いの信頼関係を築き上げていきます。

2 クーイング

4～6か月ごろ

大人から語り掛けられたり、笑い掛けられたりすると、よく笑い返すようになる。大人の姿が見えなくなると、「アーアー」と声を出して呼んだりする。

声を出して笑う

「アー」「クー」などのクーイングが盛んになり、こちらからのほほえみ掛け、語り掛けに声を出して笑う。

自分からほほえみ掛ける

だんだんと人の見分けもついてきて、慣れた大人には自分からほほえみ掛ける。

教育的視点

首がすわり、自由に頭が動かせるようになると、興味を引かれた物をじっくり見られるようになり、音への反応も確実になってきます。「自分から声を出す」「相手からの返事を聞く」というような赤ちゃんの自発的な行動に、周囲が的確に応えることが、この時期はとても大切です。赤ちゃんが声を出したときに大人が適切なタイミングで言葉を返すことは、「愛着行動」と呼ばれ、赤ちゃんと大人との心の絆の形成に欠かすことができません。

感性や意味がともなっていない赤ちゃんのほほえみが、生後3か月くらいになると相手に笑いかける笑みとなり、さまざまな感情が育ってきます。また首がすわるころには、笑うときに声を立てるようになり、6か月を過ぎると、要求の声を発します。そして1歳の誕生日ごろには相手の気持ちを読むことが始まり、叱られたらべそをかくようにもなります。誕生からの1年間は発達が最も著しく、言葉も成長・発達に応じて習得していきます。

3 広がる喃語の世界

7～9か月ごろ

「マンマン」「ダダダ」といった音を反復するような喃語や、「アーアー」「クークー」といったリズミカルな喃語が出てくる。発声そのものを楽しんでいることもある。

会話調になる

要求があるときに、声を出して大人の注意を引く。喃語が活発になる。

動作で応える

「いやいや」「ばいばい」など言葉掛けをすると、動作で返すことができる。

教育的視点

言葉の力は、体の成長にともなって伸びていきます。早い子では6か月ごろには、名前を呼ばれると振り向くようになり、9か月ごろには、大人が見ているものに自分も注意を向ける「共同注視」ができるようになります。離乳食が進むにともなって口の機能も向上し、「マママ」「ダダダ」の音をくり返す、いわゆるバブリングも始まります。

4 コミュニケーション拡大

10～12か月ごろ

身ぶりを交えたコミュニケーションが盛んになり、大人から掛けられた言葉に動作で応える。大人の口調をまねて発声することも始まる。

指差しをする

「○○は？」と聞かれると、その物を指差す。

動作をまねする

「あわわ」などの動作のまねをするあそびができる。

自分から「いないいないばあ」をする

布をかけて大人が「いないいない」と言うと、「バーッ」と言う。

教育的視点

自分では言葉にできないけれど、子どものなかではたくさんの語彙が蓄積されています。かけられた言葉に動作で応えたり、大人の口調をまねしたりと、コミュニケーションが盛んです。また、言葉の代わりに身ぶり手ぶりを使って大人に願いをかなえてもらおうとします。おもちゃを遠いところに置くと腕を伸ばし、声を出して保育者に「取って」と要求を伝えたり、抱かれたくて手を差し伸ばしたりすることもあります。

活動別に見る発達
養護と教育のポイント

言葉 ②

1歳1か月～2歳未満

1 言葉のやり取りを楽しむ

1歳1か月～1歳6か月ごろ

指差しでの会話から、「あった」「わんわん」「なーい」など、一語文が出てくる。その数は日増しに増え、言葉を使うことがとても楽しい時期。

意味のある言葉が出始める

一語文が出てきて、言葉をまねすることが始まる。

気持ちを言葉で伝える

「わんわん」=「わんわんがいるよ」など、自分の気持ちを伝えようと一語文で言う。

自分の名前がわかる

名前を呼ばれたら「はーい」と手をあげる。

絵本を見て指差ししたり名前を言ったりする

身近な物が載った絵本やカードを見て、知っている物を指差したり、「ブーブー」と言葉で伝えたりすることができる。

教育的視点

発語の早い子遅い子の差はありますが、標準的には1歳になると意味のある言葉を話すようになります。はじめは「マンマ」「バイバイ」などが多いようで、これはマ行、パ行、バ行など、唇を使って出す音が言いやすいためと考えられます。また、犬のぬいぐるみなどを差し出して見せると「わんわん」と言ったり、「ちょうだい」や「こっちにおいで」「ねんね」の意味がわかるようになるのも、このころです。「わんわん」と発した子どもに対しては、保育者は「わんわんいたね」などと子どもの気持ちを言葉にして、さらに言葉が増えるように促しましょう。

歩けるようになり、道具の操作もじょうずになると、明確な話し言葉が始まります。大人の簡単な言葉の指示を理解し、他者との対話が始まるとともに、意味がある言葉で気持ちを伝えることもじょうずになります。しかし、まだ言葉の表現力が不十分なために、他児とのぶつかり合いも多くなります。

2 言葉でのコミュニケーションの始まり

1歳7か月～1歳11か月ごろ

かたことの言葉を使い始める。自分の見たものを伝えようと、「…った」などと不完全な言葉で話す。それを大人が「ひこうきだったね」と言葉で返すと「…っき」と、うれしそうに語尾をまねする。また、名詞・動詞・助詞などを少しずつ聞き分け、話の内容を理解していくようになる。

歌あそびを楽しむ

歌に合わせた動作をしたり、一部を声に出したりし、リズムも楽しむ。

大人の話を理解する

「○○持って、散歩に行こうね」などの言葉の意味を理解してうなずいたり、指差しをしたり、「…こうね」と語尾だけまねたりする。

絵本の内容を理解する

絵本の内容がわかり、くり返しの言葉を好む。

教育的視点

いわゆる象徴能力が出始め、事物を他のものに置きかえる「見立て」ができるようになってきます。写真や絵カード、あるいは実物を見せて「何かな？」と聞くと「ワンワン」「ブーブー」「ニャンニャン」と答えたり、「だれかな？」という質問には「バーバ」「ママ」などと答えます。「どうしているかな？」という質問には「ねんね」「ばいばい」などとひとつの単語で答えられるようになります。また、「わー、おいちい」のような感嘆詞＋単語が出始め、それから先は単語が爆発的に増えていきます。この時期の子どもは大人とのやり取りを通して言葉を獲得していくので、できるだけバラエティーに富んだ言葉のやり取りを楽しむよう心掛けましょう。

活動別に見る発達
養護と教育のポイント

健康

1 沐浴

沐浴は、乳児の皮膚を清潔に保ち、新陳代謝を促すとともに、乳児に「気持ちいい」という感覚を育てていくうえで、大切なこと。特に夏場は、汗をかき、あせももできやすいので、沐浴を積極的に行いたいもの。冬には気温や湯温に十分注意を払い、場合によっては見合わせる必要もある。沐浴後は水分補給をし、睡眠を十分にとるようにする。

首がすわるまで（誕生～6か月ごろ）

◯家庭での健康状態、検温結果、沐浴の希望の有無を聞いておく。
◯食事の直後は避ける。長湯は避け、5分程度で終えるように。
◯湯温は38℃程度。
◯準備するもの…ガーゼハンカチ、タオル、バスタオル、着替え一式
◯手順…耳を押さえながら頭を支え、足から静かにお湯の中に入れる。その際、胸から腕にタオルを包み込むように掛けると、乳児が安心する。「気持ちいいねえ」など、優しく声を掛ける。ガーゼで頭、首、胸、腹、手足と上から順番に洗う（園で沐浴する場合は無理に石けんを使用する必要はない）。湯上がりにはバスタオルで優しく拭く。拭き終わったら、清潔な衣服を着せる。のどの渇きをいやすため、湯冷ましや薄いお茶などの水分を与える。

お座りができるようになったら（12か月前後～）

◯湯温は36～38℃。時間は10～15分程度に長くする。
◯手順…水あそび感覚で、湯船に座らせて洗う。頭から順番にガーゼで洗うが、最初は顔にお湯がかかると嫌がるので、かからないように注意する。お座りをしているとき、お湯の中に倒れないように注意する。たらいに入っているお湯をコップやスコップですくったり、水面をたたいたりしてお湯の感触を楽しむ。慣れてきたら頭の上から少しずつお湯をかける。

立てるようになったら（～2歳ごろ）

◯湯温は34℃程度。時間は20分程度とし、水あそびの沐浴とする。汗を流すことを目的とする。

教育的視点

保育者に適切に世話をしてもらうことで、大人への信頼が育まれます。清潔な環境を与えられることで、清潔にする心地よさと、その意識が育っていきます。

日々の保育のなかで子どもの健康と安全を守ることは「教育・保育」そのものであり、基本中の基本です。清潔、採光、換気、室温、騒音対策など、保健衛生面にはきちんと気を配りましょう。できれば温かい家庭的な雰囲気をつくることを目標にすると、なおよいでしょう。さらに、毎日の健康観察は欠かせません。

2 視診・健康観察

○視診は、子どものその日の体調のよし悪しを判断する重要な作業。あわせて、保護者から前日の様子を聞くことも忘れてはならない。体調だけでなく、感染症や虐待の早期発見にもつながる。普段と様子が違うときは、体温を計り、食事の様子などに注意して子どもを観察する。

○体調がすぐれない子、前日休んだ子などは保護者から家庭での様子を聞き、丁寧に観察する。

○水あそびのときや感染症が流行している場合は、特に丁寧に健康観察をする。

観察項目

顔…顔色、表情（ぼーっとしていないか）
目…充血、目やに、涙目
鼻…鼻水、鼻づまり、くしゃみ、息づかい
耳…耳だれ、痛がっていないか、耳を気にしていないか
口…唇の色、痛がっていないか、舌の色、食事の際の食べ方
のど…痛がっていないか、声、咳
胸…呼吸（ゼーゼー・ヒューヒューといった息づかいがないか）
皮膚…かさつき、発疹、あざ、傷、虫刺され
全身…歩き方、寝方、普段との違い

check

□ 家庭でできたと思われるあざや傷については保護者に確認する。特に、手当てされていないときは虐待も念頭に置く。毎日同じ服を着ていたり、体や髪の毛から異臭がするときは、ネグレクトの心配があるので、保護者や子どもの様子を注意深く観察するようにする。

3 感染症予防

6か月未満ごろ

母親からの免疫があり、比較的病気になりにくい。

6か月ごろ以降

○免疫が切れ、感染症にかかるようになる。子どもの手や口にふれる物は毎日消毒するなど、取り扱いに気をつけ、二次感染を防止する。

○月齢が進むと行動範囲が広がり、感染源に触れる機会が増すので、予防に努める。

○手洗い、うがいは必ず行う。手洗いについては、自分でそでをまくり、手洗いしようとする気持ちを大切にしながら、服をぬらしたり水あそびが始まったりしないように気をつける。

○手洗い後は、保育者と一緒に、ペーパータオルで丁寧に手を拭く。その後消毒も行う。共用のタオルは、感染症防止のため使用を避ける。

教育的視点

集団生活をしていると、病気に感染し発病することが多くなります。それをなるべく減らすためには、生活環境すべてに衛生的配慮をすることが大切です。保育室の掃除はもちろん、衣服、寝具、おもちゃなどにも清潔を心掛け、消毒できる物はきちんと消毒します。一人ひとりの健康状態、天候、気温、時間帯などを考慮し、衣服の調節や水分補給を行うようにします。さらに必要に応じて手洗い、足洗い、着替えなどを行います。気候に合わせて衣服を調節し、四季の変化を感じながら、清潔であることの気持ちよさを感じられるように配慮しましょう。

活動別に見る発達
養護と教育のポイント

表現

1 音楽あそび ① 歌（わらべ歌）

6か月～1歳3か月ごろ

○保育者の歌やリズムに合わせて手足や体を動かしたり、声を出したりする。いろいろな歌や曲にふれることで、その心地よさや楽しさを感じるとともに、情緒が豊かになっていく。

○保育者のひざに座り、スキンシップをしながらわらべ歌を楽しむことも大切。

1歳3か月～2歳ごろ

○簡単な手あそび歌をまね、保育者の歌に合わせて覚えている部分だけうたえるようになってくる。歌の楽しさを知り、体を動かしたり手をたたいたりして表現することもできるようになる。

○子どもの発達に合わせた歌のテンポ、音程に配慮すること。メロディが1オクターブ以内、跳躍進行（音の高さが大きく飛ぶこと）が少ない歌を選ぶといい。わらべ歌はその点において、日本語のことばの音節に合った歌であるとともに、音の高さが離れていないので、うたい始め・聴き始めのときには特に適していると言える。

○じょうずにうたうことよりうたう楽しさを重視すること。

2 音楽あそび ② 楽器あそび・リズムあそび

6か月～1歳3か月ごろ

○ガラガラやマラカスを振って、音を鳴らして楽しむ。

○保育者のひざの上に乗り、自然が作り出す音色やリズムの心地よさを体感することで、情緒が豊かになっていく。

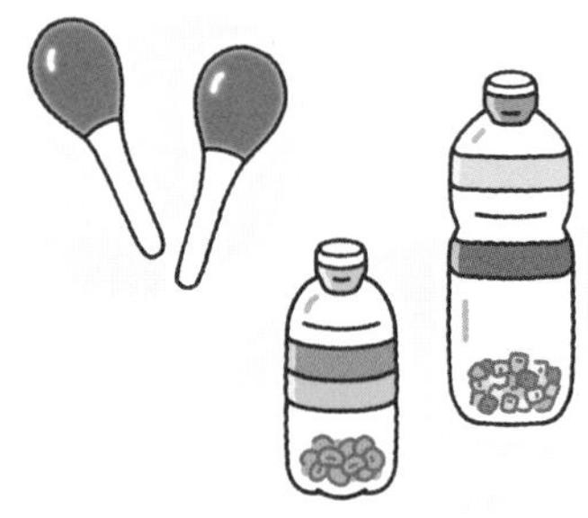

1歳3か月～2歳ごろ

○ピアノやオルガンの伴奏に合わせ、一定のリズムで、床に置いたタンバリンや太鼓をみんなで一緒にたたいて楽しもう。言葉・音・リズムを一体化し、体で表現できるおもしろさを知るようになる。

○簡単な楽器にふれて音が出ることに気づくよう、音やリズムを楽しめる環境を設定する。

○4～5歳児のスケールの大きな合奏の一部を聴くことにより、耳から入ってくる曲、リズムを感覚的につかむことができるようになる。

check

□ 使用後の消毒を忘れずに。

教育的視点

音楽は、最も早い時期から子どもがふれることのできる表現方法です。音楽を聴くことにより、情緒が安定し、美しいものを美しいと感じる心が育っていくきっかけになるでしょう。そして、発達が進むにつれ、自分で歌ったり踊ったりして表現していくものです。子どもの感性を育てていくのに身近で有効な教材であり環境となります。

表現あそびは、乳児期の子どもの感性を育てます。感性は、感動体験の積み重ねによりはぐくまれます。そのためには保育者が子どもとともに感動し、子どもに感動する出会いを与える環境を整える必要があります。毎日の小さな感動体験の積み重ねを大切にしましょう。

3 絵画・造形 ① 絵の具・クレヨン・フェルトペン

1歳～1歳6か月ごろ

○最初は手指の力がまだ弱いため、フェルトペンなどを利用する。また、指で直接絵の具にふれて、画用紙の上に自由に線を描くフィンガーペインティングもよい。

○画材を口にしないように特に注意する。

○保育者が協力して手形や足形を取ることも、子どもの表現意欲を高めるのに有効。

○思うままに表現することで心が解放され満たされ、情緒が安定し、感性が育まれていく。子どもの作品に指示を出したり批評したりせず、好きなように表現できるようにすることが肝要。

1歳6か月～2歳ごろ

○発達が進むと、絵の具やクレヨンで思いきりあそび、その心地よさを感じることが表現への第一歩となる。なぐり描きに夢中になったり、丸をたくさん描いたりして、全身で表現することにより、その楽しさを知り、描くことが好きになる。

○画材は、誤って手や指をなめても安全な物を使うとよい。

○特定の技術の習得に偏らないように。絵には子どもの心が映し出されていることを理解し、子どもの気持ちを読み取るように心掛ける。

4 絵画・造形 ② 粘土

1歳～1歳6か月ごろ

○小麦粉粘土や、やわらかい紙を、触ったり丸めたりして楽しむようになる。

○粘土あそびをくり返しているうちに、握る力が少しずつつき、手のひらや指で物を扱う基本的動作の基礎ができていく。

1歳6か月～2歳ごろ

○いろいろな素材にふれ、形の変化を知ることで、何かを作り出す楽しさを知る。

○小麦粉粘土をちぎったり丸めたりして指を使い、いろいろな素材にふれることで、素材の特徴をつかんであそぶ楽しさを知り、創意工夫する力の基礎が培われる。

○小麦粉粘土は口に入れても害はないが、粘土は口に入れる物ではないということをくり返し伝える。

○安全面、衛生面に十分気を配り、清潔な環境のもとで活動できるようにする。

check

□ 小麦アレルギーの子どもがいないか確認しておく。

教育的視点

絵画・造形は、子どもの表現する意欲を高めるうえで有効です。体全体を使いダイナミックに思うままに表現することで、心が解放され、満たされ、情緒が安定します。またその逆に、絵画は子どもの心を映す鏡でもあります。楽しい気持ちで満たされたときの子どもの絵と、悲しさや怒りに満ちたときの子どもの絵は、色づかいや構成に明らかな違いが出てきます。保育者はそれを理解し、子どもの気持ちをくみ取ることを忘れないようにしたいものです。

活動別に見る発達

養護と教育のポイント

運動あそび
マットであそぼう

1 首がすわる～腹ばい
6か月未満ごろ

誕生後、急激な環境の変化に適応し、著しい発達が見られる時期。首がすわり、手足の動きが活発になり、その後、寝返り、腹ばいなど全身の動きが活発になる。

四肢のマッサージでスキンシップ
保育者に見守られながら、やわらかなマットの上で寝転がり、マッサージをしてもらう。

左右に回転させ寝返りを促す
寝返りの介助を受けながら、体を左右に回転させて楽しむ。

check

☐ 1対1のかかわりを十分に行うこと。

教育的視点

保育者とふれあいながら体を動かすことに心地よさを覚え、情緒が安定し、信頼関係が深まっていきます。保育者の声や物音に反応し、見つめたり喃語を発したり、体を動かしたりして、快・不快を表そうとします。

2 お座り～伝い歩き
6か月～1歳3か月ごろ

ひとりで座っていられるころから、伝い歩きができるようになるまで、運動機能の発達が目覚ましく、腕や手先も意図的に動かせるようになる。さらに簡単な言葉が理解できるようになり、自分の意思や欲求を身ぶりなどで伝えようとするようになる。

腹ばい・ずりばい・座る・自分で転がる・はいはい
保育者の声掛けや言葉掛けがわかり、自分で転がったり、はいはいしたりして、探索行動を楽しむ。

check

☐ 首や腕、肩の関節に負担を掛けないよう配慮しながら、援助する。

教育的視点

保育者の声掛けや話し掛けがわかり、喜んだり、それに応えようとしたりします。また、身近な大人との関係のなかで、自分の意思や欲求を身ぶりなどで伝えようとします。自分で動く楽しさ、喜びを感じ、周囲の物にも興味を示し、行動範囲が広がっていきます。

子どもの「はう」「立つ」「歩く」といった運動や姿勢の発達は、あそびや生活を変化させ、生活空間を大きく変えていきます。マットあそびを通して「寝返り」「はいはい」「お座り」「立つ」「伝い歩き」「歩行」など、子どもの状態に合った活動を十分に行いましょう。言葉の理解や習得もともなって、周囲の物や人に興味を示し、自発性や探索意欲が活発になります。一人ひとりに合わせた活動をゆったりと行っていきましょう。

3　歩行の開始と言葉の習得

歩行が始まるとともに、手を使い、言葉を話すようになる。つかまらずに歩けるようになり、押したり投げたりなどの運動機能も増してくる。目の前に開かれた未知の世界の探索行動に心をそそられ、身近な人や身の回りの物に自発的に働きかけていく。その過程で物を仲立ちとしたふれあいや、物の取り合いも激しくなり、その後の社会性や言語の発達にとって欠かせない対人関係が深まる。

模倣あそび

動物の模倣あそびをしながら、マットの感触を確かめ、四肢で体を支えたり歩いたりする。

障害物くぐり

すずらんテープの川やフープのリングをくぐることを楽しみながら、マットの上を横転したり、十分にはいはいしたりする。

山の登り降り

小さな山を作り、登ったりすべり降りたりする動きに挑戦する。

check

□ ひとりあそびが十分できる環境を設定しつつ、別の場面では、一緒にあそぶことでコミュニケーションを深めていく。個々の発達段階に合わせ、かかわりを工夫する。

教育的視点

動物の動きや鳴き声を模倣することでイメージ力を高めていきます。また、全身を動かす楽しさを知ることができます。友だちや周囲への興味や関心が高まって、相手があそんでいたり楽しそうに話していたりすると、近づいてかかわっていこうとします。また、関心のある子どものしぐさや行動をまねしたりします。歩き始めるという大きな発達で行動範囲を広げ、「自分でしたい」という欲求が強まり、さらに探索行動が活発になります。

活動別に見る発達
養護と教育のポイント

水あそび

1 水に慣れてあそぼう

1歳未満ごろ

幼児にとってはなにげなく楽しめる水あそびだが、赤ちゃんにとっては、入浴とはまたひと味違う体験。安心できる環境や保育者のもとで、心地よさや気持ちよさを感じながら、慣れていくことが大切。無理に行うのではなく、「やりたい」「あそびたい」という気持ちを引き出しながら援助し、満足感が得られるようゆったりとかかわっていく。

顔を拭く

温かいタオルを使用し、顔がきれいになるうれしさも感じられるようにしよう。

水にふれる

水温は32～33℃が適温。手を水に入れたり、バシャバシャ水をはじいたりしながら、少しずつ慣れるようにする。

水あそび

転倒や誤飲に十分注意すること。体が冷えないよう、衣服の交換を必ず行う。

check

- □ 水あそびでは、大人には支障のない雑菌が、赤ちゃんにはよくない影響を与えることがある。体調が万全のときを選んで水あそびを行う。
- □ 赤ちゃんは、誤って水をたくさん飲んでしまったり、少しの水でもおぼれてしまうことがある。必ず目を離さず、付き添ってあそぶ。

教育的視点

乳児期は、言葉や歩行、情緒の安定、身近な大人との信頼関係の形成などを育んでいく時期です。信頼できる保育者の働きかけや、豊かな環境を用意することで、心身の全般的な発達を促すことにつながります。水は最も身近な自然のひとつであり、ふれたりしぶきがかかったりすることで、水に対する反応が引き出され、抵抗感を減らすことができます。まずは水への不安を取り除き、少しずつ体を慣らしていきましょう。

大人より体温が高く、汗をかきやすい子どもにとって、暑い夏の水あそびはとても気持ちがいいものです。しかし、子どもによっては水あそびを喜ぶ子もいれば、抵抗を見せる子もいます。水にびっくりしていないか？　怖がっていないか？　など、不安のないように、様子を見ながら進めましょう。はじめは保育者がだっこして体温を感じられるようにすると、安心します。

2　水であそぼう
1歳～2歳未満ごろ

自発的に水あそびを楽しもうとする姿が見られるようになる。保育者との十分なスキンシップにより心の安定をはかりながら、子どもの興味が広がり深まるよう、かかわっていく。また、水あそびは見た目以上に体力を使うので、あそんだあとには十分に水分補給をし、休息をとることが大切。

じょうろあそび

友だちと一緒に楽しんだり、花に水をやったりすることで、周りの環境にも目を向けることができる。

虹あそび

直接体にはかけず、細かいしぶきをつくって楽しもう。

ミニプール

子どもの体調や動きの変化、顔色に常に目を配りながら行う。

check

- □ 長時間水につかっていると、子どもの体はすぐに冷えてしまう。長くても5分までにして休憩を入れ、タオルで体を保温する。
- □ 子どもの肌はとてもデリケート。日差しで肌が真っ赤になってしまうこともある。戸外で行うときは日陰をつくり、休憩しながら楽しむ。

教育的視点

1歳を過ぎると、水にふれたり水を流したりすることで、水にさまざまな変化が生まれることに気づき、感触や形のおもしろさを感じて、さらに水への興味が高まってきます。じょうろやカップを用いてあそぶことで、水の量によって重さが違ったり、砂と混じると色が変わったりすることを、自ら発見していきます。保育者のすることを見て学んでいくこの時期に、じょうずに働きかけを行い、開放的なあそびを十分に楽しみましょう。

活動別に見る発達
養護と教育のポイント

環境・安全

1 保育室の環境

保育室は、子どもの転倒防止、また転倒した場合への配慮と、危険防止への配慮が行き届いていることが最も重要である。

コンセント
低い位置にあるものは手前に机を置くなど、子どもの手が届かないように工夫する。

床
硬すぎる箇所には、転倒に備えてじゅうたんなどを部分敷きする（この場合、じゅうたんは常に清潔にしておく）。

棚
固定しておく。誤飲防止のためにも、子どもの口に入るサイズのもの（下図）は、高さが1m以上ある場所へ片づける。

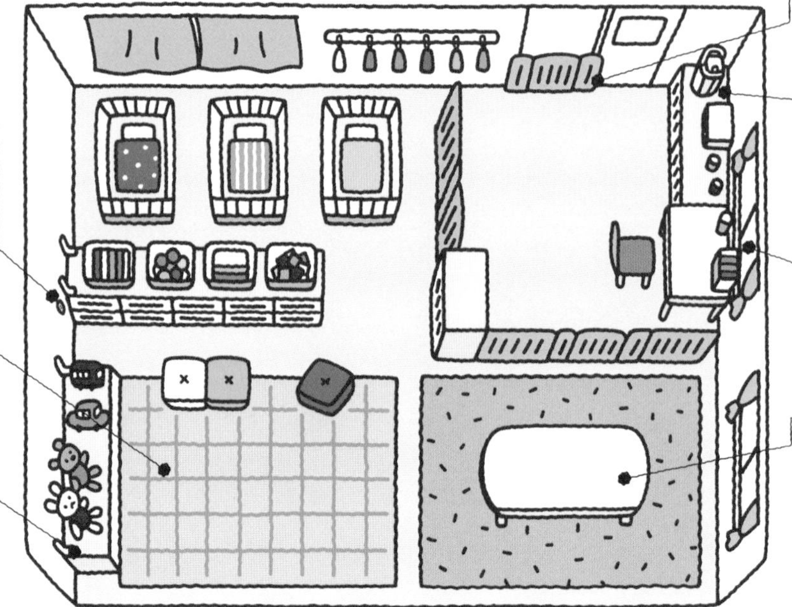

扉
大人だけが開閉できるように設定する。

ポット
本体はもちろん、電源コードも子どもの手が届かないように注意。

窓
保育室の換気をする。

テーブル
テーブルクロスは危険（子どもがつかまったひょうしに、お湯や給食など熱いものがこぼれて、やけどをしてしまう）。

このサイズより小さい物は赤ちゃんの口に入る。ビー玉などのおもちゃの他にも、乾電池、硬貨など危険な物はたくさんあるので注意！

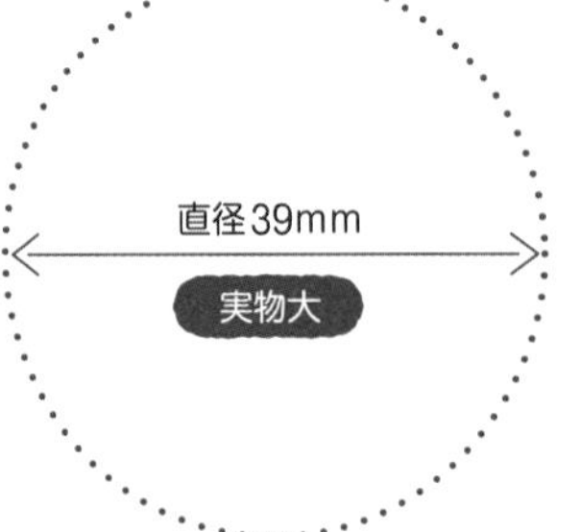

応急手当がわからないときは電話を！

かかりつけの医師や、下記の「中毒110番」に電話して処置法を聞く。

公益財団法人　日本中毒情報センター

「大阪中毒110番」　☎072-727-2499（情報提供料無料／24時間／365日対応）
「つくば中毒110番」　☎029-852-9999（情報提供料無料／9～21時／365日対応）
「タバコ誤飲事故専用電話」☎072-726-9922
（情報提供料無料／テープによる情報提供／24時間／365日対応）

check

□ 万が一誤飲が起こってしまった場合に備えての対処法
①ひざの上などでうつぶせにし、その下に腕を通して指であごを支え、頭を少し下げる。手のひらの付け根で、肩甲骨と肩甲骨のあいだをすばやく5回叩く。
②あお向けにして、乳首の間のやや下あたりを指を垂直に立て、心臓マッサージの要領で1秒間に1回のリズムで5回押す。

※緊急性が高い場合は、すぐ救急に連絡しましょう。

子どもの健やかな発達を促すうえで、人的環境は大きな役割を果たしますが、ここでは保育室の設定や家具そして遊具の安全環境について書いています。保育の基本である「生命の保持が保障されること」のためには、身体に危険を及ぼす物的環境を排除し、活発な子どもの行動を援助するしつらえが必要です。

2 遊具の安全

遊具一つひとつにある約束を守ってあそぶように伝え、見守る。危険を事前に防止したうえで、子どもの活動が十分に観察でき、すばやく対応できるよう、保育者は立ち位置を工夫する。

3 散歩中の安全

事前の下見を忘れずに行い、持ち物や準備のリストを作って確認する。

散歩の準備リスト
- ◯行程・時間配分の確認
- ◯保育者の配置
- ◯散歩カーの安全点検
- ◯子どもの衣服の調節
- ◯子どもの帽子の着用

持ち物リスト
- ◯連絡網
- ◯携帯電話
- ◯救急箱
- ◯着替え
- ◯ティッシュ
- ◯ポリ袋

check
- □ 遊具も散歩も、子どもの人数により担当の保育者を決め、安全をはかる。
- □ 散歩後の保育者の手洗いを忘れずに。

教育的視点

生物学的な環境である「母体」から生まれた赤ちゃんは、その瞬間から物理的環境、人間的環境の両方から成る世界で、まだまだ大人に頼りつつも一人の人間として尊重され生活を始めます。生活を始めたばかりの小さな子どもを取りまく物や、物が置いてある環境にも、おおいに子どもを育てる力があります。自分がつくり出している環境も、子どもを育てるひとつの大切な要因であることを忘れてはなりません。

心をつなぐ授乳時間

乳児期は人間の一生のうちで最も急激な発達をする時期です。しかし消化吸収の機能はまだ未熟であるために、周りの大人が年齢差、個人差を配慮し、授乳・離乳食を進めていかなければなりません。「咀しゃくする」「自分で食べる」など、食事を通した生活の自立を促していくための第一歩なので、ミルクを飲むこの時期から食事の楽しさを伝えましょう。

プロジェクト1

授乳のしかた

1. 「さあ、飲みましょうね」と赤ちゃんに声を掛けながら、ゆっくりと抱き寄せ、しっかりと深く抱きかかえる。唇に哺乳瓶の乳首を当てると、自然に口を開くので、そっと口に入れて、飲ませる。唇で乳首をおおうくらいが飲みやすい状態になる。
2. 「いっぱい飲んでね」「おいしいねえ」などと声を掛けてあげる。
3. 3～4か月ごろ、満腹中枢の発達によるあそび飲みがあるが、あせらず、じっくり取り組む。
4. 飲み終わったら、口の周りやあごをきれいに拭く（タオルよりガーゼのほうが肌に優しい）。
5. 粉ミルクは母乳と違って消化がゆっくりで腹持ちがいい。飲んだ量を見て、赤ちゃんの胃に負担をかけないよう、3時間以上あけて授乳する。

赤ちゃんの目を優しく見ながら授乳することで、信頼関係が深まる。

おむつチェックを忘れずに！　汚れていて気持ちが悪いと、安心して十分に飲むことができない。

保育者のひじに1枚タオルを掛けてだっこすると、安定する。

注意！

冷凍母乳の場合

＊保護者が持参した母乳は名前、日時を確認し、すぐに−18℃以下で保管する。
＊約40℃で湯煎して解凍し、哺乳瓶に移し、さらに約40℃の湯煎で人肌（30～40℃）まで温める。
＊1日分だけを預かる。空になった母乳パックは使い捨てにする。
＊母乳は細菌が繁殖しやすいので、搾乳・保存・解凍・授乳の手順において、消毒や温度管理など衛生的に行う。

保育ドキュメント

20××年×月×日

泣いている子への授乳

乳児	7名
保育者	3名

記入のPoint
現場で保育をした保育者が書き込みます。子どもの声や反応を中心に、自分がした保育の記録を記入しましょう。

記入のPoint
園長や主任など管理する人が書き込みます。よかった保育は十分に評価し、改善が必要な場合は、具体的な方法などを記入しましょう。

アドバイス

時間	保育の記録	アドバイス
7:30	登園時、Sくんを「いまこれから飲む時間です。お願いします」とお母さんから受け取る。時間がないということでお母さんはすぐに出勤する。昨夜の様子、目覚めの時間など、連絡簿の記入を見る（連絡簿の様子から、昨夜からぐっすり眠れず、今朝もいつもより目覚めが早かったようだ）。	赤ちゃんの機嫌の悪さは体調からくることが多いものです。朝の忙しい時間帯ではありますが、しっかり赤ちゃんの様子を把握することが大切です。小さな変化が大きな体調の崩れにつながるので注意しましょう。十分に聞き取りができなかった場合は、確認のために、お母さんに連絡を取ってみましょう。

7:35	Sくんの機嫌が悪くなり、泣きだす。この他に2人の赤ちゃんが登園していたが、2人のうち1人は眠り、もう1人は床でゴロゴロしていた。Sくんのおむつを急いで点検するが、泣き声がだんだんと大きくなる。もう1人の保育者にミルクを作ってもらい、そのあいだにおむつを交換し、授乳の準備を完了する。	いったん泣いたらなかなか泣きやまないということも保育のなかではしばしばあります。じっくりと1対1で情緒の安定をはかることが大切です。たとえ複数の保育者が保育室にいたとしても、あわてると調乳をまちがえて事故につながることもあるので気をつけましょう。

7:45	泣いているSくんをあやしながら、ミルクのできあがりを待つ。準備ができて飲ませようとしても激しく泣いて、なかなか口をつけようとしない。	何が原因でこうなるのか、そばにいる保育者でも理解できないこともあります。とにかくあわてず体温などを確認し、赤ちゃんの気持ちに添いながら、泣いている原因を考えましょう。

7:47	一度授乳をあきらめて、Sくんをだっこして立ち、少し気持ちを落ち着かせ、もう一度授乳を試みる。今度はスゥーッと飲んでくれた。飲み終え、満足して情緒が安定している様子なので、口の周りをきれいにし、排気（げっぷ）をさせる。	タイミングよく飲んでも、あとの授乳で吐くことがあるので、十分な観察と配慮が必要です。ミルクでおなかがいっぱいになったことと保育者の対応が心の安定をもたらしたことは、次の保育にもつながり、よかったと思います。

8:10	安定して睡眠に入る。	このようなことがあった日は、赤ちゃんをいつもより深く観察し、保育に深くかかわっていくことが大切です。この子のよりよい成長につなげていくことができるでしょう。

P.70 ドキュメンテーション①に掲載

おいしいねえ 心も満腹

赤ちゃんにとって、乳汁以外の舌ざわりや味にふれるということは、大人の想像以上にとまどうことかもしれません。そのとまどいや衝撃、不安を保育者が理解し、安心して食べられるようにすることが大切です。時期・量・方法は個人差があります。日々のかかわりのなかで赤ちゃんが出すサインを丁寧に読み取り、最も望ましい開始時期を考えましょう。

離乳食開始のポイント

○首がすわる。
○支えられて座ることができる。
○食べ物に興味を示す。
○スプーンを口に入れると舌で押し出す哺乳反射が減る。

離乳食の始め方

○1日1回1さじずつから始める。
○母乳や育児用ミルクは欲するままに飲みたいだけ与える。
○なめらかにすりつぶした状態（ポタージュくらい）から始める。
○つぶしがゆから始め、野菜・果物・白身魚など種類を増やしていく。
○栄養士・調理師・保護者とも十分に話し合いながら進める。

＊アレルギーの子どもが年々増えている。新しい食品はまず家庭で口にしてから。
＊大豆アレルギーの子もいるので、味噌汁にも注意。
＊離乳食後のうんちの状態もよく観察すること。
＊準備期から保護者との緊密なやり取りをきちんと行うようにする。話し合うだけではなく、記録しながらやり取りすることによって、家庭と園で一貫した離乳食が進められるようにする。

保育ドキュメント

20××年×月×日

5か月児
初めての離乳食

乳児	13名
保育者	5名

	保育の記録	アドバイス
10:00	食事の準備が整い、部屋中においしそうなにおいが漂う。 食事用エプロンを声を掛けながらつける。	乳児が多いと急ぎがちになりますが、ゆったりした雰囲気のなかで食事の準備をすることが大切です。保育者が互いに声を掛けあいながら、目の前の子どもにも語り掛けるような余裕が環境構成としては必要ですね。においに対しても「おいしそうなにおいだね」と応答すると、感性の豊かさにつながっていくでしょう。
10:05	Sくんをガード付きいすに座らせる（背中が固定するようにクッションを入れる）。 「準備できたねぇ。さぁごあいさつしようか」と声を掛けながら、おしぼりで手を拭く。 そのあとで実際にSくんの横で、手を合わせて「いただきます」と優しくあいさつする。 食べたそうに口を動かしたり、手足を動かしている。	首がすわってきてはいるものの、ときどき安定しないことも考えられます。今回は体といすの間にクッションを入れて安定させましたが、だっこした状態であげるのもいいのではと思います。だっこは、初めて口にした味にふれることで不安を覚えたり、衝撃的だったりする気持ちを受け止めることにもつながります。このような機会から、さらに保育者との関係性を深めていくということも考えられます。
10:10	ゆっくりした気分で、スプーンの先に少量をのせて口元に運び、「アーン、は？」と話しかけながら下唇にスプーンを置く。	初めての場合、スプーンに慣れるということもたいへん大事なことです。Sくんの場合はスムーズでしたが、スプーンに慣れることは新しい環境への第一歩です。機嫌のよいときに、タイミングよく始めるように心掛けておきたいものです。
10:15	口を動かし、状態もよかったが、今日はふた口で終了。「ごちそうさまだね」と声を掛け、口の周りを拭き、食事用エプロンをはずす。	食欲があったとしても、はじめはひと口かふた口でいいと思います。 「おいしかったね」「ごちそうさま」と声を掛けることは、たいへんいいことです。子ども自身も全身で受け止め、受け入れて、成長につなげていくことでしょう。 離乳食のあとの排便の状態も観察していくことが大切です。

→ P.71 ドキュメンテーション②に掲載

心をつなぐ授乳時間

授乳には、お子さんへの栄養補給はもちろんですが、それだけではない、大切な意味があります。園では、周囲の大人との愛着関係、信頼関係を築くコミュニケーションのひとつであるということを大切にして、1対1でゆっくりと時間をとり、授乳をしています。

泣いていたAちゃんでしたが、「おなかがすいたのね」「おっぱいおいしいね」と声を掛けながら与えていると、にこにこしながら保育者の胸にしっかり抱かれて、満足して飲んでいました。幸せそうですね。

排気（げっぷ）もスムーズでした。

教育と成長の視点

じっくり時間をかけて味わって飲むときもあり、あそびながら飲むときもありますが、いろいろな飲み方をするのは立派な成長のしるしです。言葉掛けをしながら授乳をすることは、赤ちゃんにとって大切な体験です。赤ちゃんはおなかがすいたり、おむつがぬれたりなど不快を感じると泣きます。そんなとき「おなかがすいたのね」と授乳してもらうと、不快の状態から解放され、何となくこの不快感は「おなかがすいた」という意味であることを知っていきます。泣いているときに大人が抱いてくれることで、「自分を見ていて、愛してくれている」と感じ、信頼感が生まれるのです。

離乳食（初期）

2 おいしいねえ 心も満腹

「食」は、「人を良くする」と書くように、人との親密性に深くかかわっていく営みです。栄養をとるだけでなく、心と心がふれあう瞬間でもあるのです。

まずは食べる前の雰囲気づくりから。
食べる前はおむつ交換をし、そして食事用エプロンをつけます。その際にも、
「おむつを取り替えて、さっぱりしようね」
「それから食べようか」
「これ食べるの初めてだね」
「スプーンでお口にいくよ」
「いい？　じゃあ、あ～ん」
「わあ、おいしかったね」
などと語りかけると、安心して食事ができるようです。少量ずつ舌先にのせるようにすると、自然に飲み込むことができます。飲み込むことも赤ちゃんにとっては大きなチャレンジです。

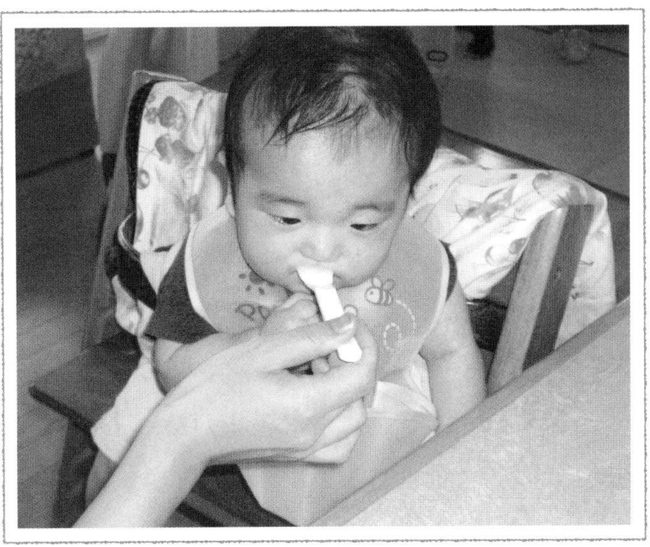

この時期は乳汁以外の舌ざわりや味に慣れることが大切です。新しい味にスムーズに慣れることができるよう、赤ちゃんの機嫌のよいときを選ぶようにしています。徐々に慣れていくように、家庭と園が連携しながら進めていくことが重要です。

教育と成長の視点

食事は人間が生命を保ち、健康を保つためには欠かせません。生まれたばかりの赤ちゃんは自分で食べることも飲むこともできませんが、すぐに食事の自立に向けての発育が始まります。しかし消化吸収の機能は未熟なので、個人差を考えながら、急がずに進めていくことが大切です。何よりも食事は「楽しく、おいしく食べる」ことを心がけたいものです。「咀しゃく」など、食事を通して生活の自立を促すことへもつながります。その第一歩がこの時期なのです。ミルクから離乳食への移行は、赤ちゃんにとって大きな衝撃です。優しく語りかけ、心と心を通わせ、受け止めてもらえたら、赤ちゃんは大きな幸せを感じることでしょう。

離乳食
(中期)

発達に合わせた離乳食

離乳期は、乳児の食欲、食べる機能の発達、摂食行動、家庭の食習慣などを考慮し、一人ひとりに合わせて無理のないように離乳食の内容や調理形態、量を進めていくことが大切です。初めて離乳食を体験した保護者の多くは、さまざまな悩みやトラブルを抱えています。保育者は、保護者の気持ちに寄り添い、悩みを共有し、信頼関係を築いていきましょう。

プロジェクト3

離乳食の調理形態の目安

○子どもの様子をきちんと把握して、徐々に、みじん切りから粗みじん切りと、調理形態を進めていく。
○よくかんできちんと飲み込む練習をして、しっかり咀しゃくが完了するまで、離乳食を工夫し、月齢にふさわしい発達になるまで続ける。

7～8か月ごろ：舌でつぶせる固さ
9～11か月ごろ：歯ぐきでつぶせる固さ
12～18か月ごろ：歯ぐきでかめる固さ

姿勢も大切

個々の発達に配慮しながら、ベビー用のいすに座って食べられるようにする。背中といすの背もたれの間が空きすぎているときは、クッションなどを入れて調整する。

食物アレルギー児への対応

＊保護者からの依頼により、医師の指示書・検査書にもとづいて、代替食を行う。
＊代替食がひと目でわかるように、ネームプレートなどで工夫する。
＊代替食が必ず該当児に配膳されるよう、口頭で伝え合い、保育者間で十分に確認をとる。

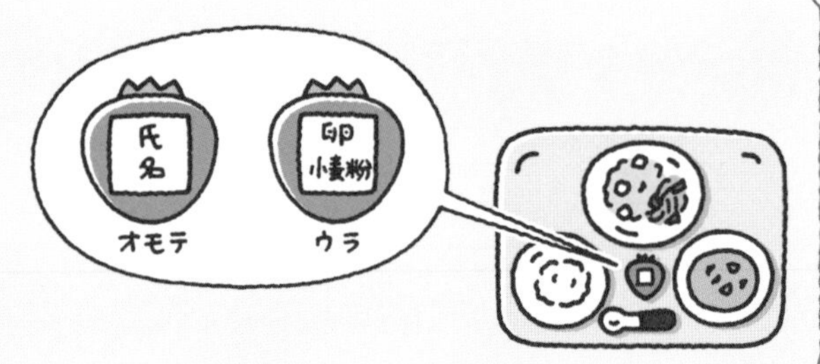

保育ドキュメント

20××年×月×日

11か月児
中期離乳食の援助

乳児 4名
保育者 2名

	保育の記録	アドバイス
11:15 	食事の準備中にテーブルで眠くなってしまった。個々の食事が配膳されると、早く食べたい様子で、手を伸ばし手づかみで食べようとした。	食事の準備にかかる時間や子どものリズムを考慮し、テーブルにつく時間の調節をしましょう。活動を調整して、お昼に眠くならないよう配慮します。
11:20 	ピアノの曲に合わせて、体を揺らしたり、手をたたいたりして、表現をしている。保育者のうたっている姿を見て声を出して、食前の歌を楽しんでいる。 みんなと一緒に「いただきます」のあいさつを楽しそうに行う。	保育者は、子どもがまねをして表現できるように、手本は子どもの目の高さで行うことが大切です。 まだあいさつができない子には、手を取ってさりげなく援助しましょう。
11:30 	スプーンを自分で持って食べ進めていくが、自分の好む食品を食べ、苦手なものは口から出してしまう。再度挑戦を試みるが、うまくいかない。 スプーンを置き、あそび食べや手づかみで食べているが、食事への意欲を持つ。 保育者が他の子への対応をしているあいだに、トレイに落ちたものや他の子どもの給食に手を伸ばす。いけないことだとその都度知らせるが、同じことをくり返す。 「待っててね」と声を掛けるが、自分の給食が終わると周りの友だちを待てず、立ち歩く。 完食してほしいが、食事中に眠くなってしまう。 タオルで口を拭くことを嫌がるが、なんとか拭き終える。	ひと口の量を少なくして、「おいしいね」と声を掛けながら、あせらず援助していきましょう。 食べる意欲をほめながら、スプーンを一緒に持って口まで運んで援助するのもよいですね。 もし、床に落としてしまったら子どもが食べる前に素早く片づけ、落としたものは汚いことを理解するまで根気よくくり返し伝えましょう。 食事の速さや量が違うので、個々の様子を見て食後の過ごし方を考えておきます。 眠そうな子の布団は事前に敷いておき、食べ終わったらすぐに寝かせましょう。 口を拭くときは「きれいにしようね」「きれいになったね」など声掛けをしながら、清潔になることの心地よさを感じられる工夫も大事ですね。
12:00	全員が食べ終わると、保育者の声掛けで周りのまねをして「ごちそうさま」のあいさつをする。	保育者と一緒にあいさつをしていくうちに、子どもたちはあいさつのしかたを覚えていくことでしょう。

P.76 ドキュメンテーション③に掲載

食べる意欲を引き出す

離乳食（後期）

いすにじっと座っていることができず、食べる意欲がない。かむことができず、口に入れた瞬間、吐き出してしまう。これらは食材の味や固さにまだ慣れていないことのほか、食事の提供者が子どもとの関わり方にとまどいを覚えたり、不安を抱えたりしていることもうまくいかない要因かもしれません。慌てずゆっくり時間をかけて、慣れるように援助しましょう。

プロジェクト4

食べようとしない子への保育者の援助と配慮

○「あーん」と保育者が大きな口を開けて見せ、子どもも同じように口を開ける練習をする。

○正しいスプーンの持ち方を教える。
○自分でスプーンを持ちたい気持ちを大切にし、保育者が“そっと”スプーンを支える。

○周りの友だちが食べている姿を見せ、「おいしいもの」というイメージを持てるようにする。
○となりの友だちに「いっしょに食べよう」「おいしいよ」と声を掛けてもらうようにする。
○子どもの口の近くにスプーンを持っていき、ひと口だけでも食べることから始める。

○食べているときの「パリパリ」などの音を楽しませる。
○家庭での食事環境の影響もあるので、保育者は丁寧に関わり、離乳を完了していく。

注意！

保護者への対応

＊家庭でも食事が進まないことにとまどいを感じているかもしれないので、追いつめるような言葉かけには注意する。
＊「おいしいね」「モグモグ、カミカミ、ゴックン」などの声かけのしかたなど、子どもが食べることへの興味が芽生えるような関わりを保護者に伝えていく。

保育ドキュメント

20××年×月×日

1歳6か月児 食べようとしない子への対応

幼児 12名
保育者 3名

	保育の記録	アドバイス
11:15	順番にトイレをすませ、手を洗う。手を洗うときにKちゃんが「おなかすいた」と言う。 手を洗った子どもはエプロンをつけ、食事が配られるのを待っている。Kちゃんはすぐに食べ始めようとするが、あいさつをしてからと伝え、みんなでいただきますの歌をうたい、「いただきます」をする。流れを理解して待てたことをほめる。 いろいろすすめるが、Mくんはスープばかり飲み、主食、おかずをまったく食べようとしない。	排泄を食前に行うことで、食事に集中できます。食事前の手洗いは、清潔の習慣を身につけていくことともに、感染症の予防という側面を担っています。 歌うことで食材に対する興味を広げ、親しみを持ち、楽しみながら食事ができるように配慮していますね。

11:30	保育者がおいしそうに食べているところを子どもに見せ、一緒に食べようと促したが、なかなか食べようとしない。	声掛けは肯定的な言葉を使います。「嫌い」「苦手」「まずい」など、子どもの好き嫌いを助長するような否定的な声掛けは避けたほうがいいでしょう。

11:40	そばにいる子どもに「おいしいね」と言葉掛けをしながら、スープ以外にも興味を引くようにしたら、少しずつ口へ運べるようになる。	苦手なものがある子の気持ちは受け止め、どうしたら自分から食べるようになるか考えましょう。友だち同士のかかわり合いのなかから食べる意欲を引き出したのはよい対応です。

11:45	保育者がほめる声掛けをする。 お皿の中がほぼ空になると、残っている食べ物を「集まれしてください」と保育者に伝え、きれいに食べることができた。 食べ終え、口や手を拭く。仕上げを援助。ほめると満足気な笑顔を見せた。	友だちの前でほめられると、うれしい気持ちになり、いろいろなものを食べる意欲も増すことでしょう。 子どもが全部食べられたら声を掛け、喜びを味わえる工夫をします。 汚れても口や手を拭けるように、ぬれタオルを用意しておきましょう。清潔な状態を子ども自身が感じられるような食事環境を整え、援助していくことが大切です。
12:00	みんなで「ごちそうさま」とあいさつをする。	

P.77 ドキュメンテーション④に掲載

離乳食
(中〜後期)

3 発達に応じて離乳食を楽しく

赤ちゃんが元気に、健康に育つことは、保護者と保育者の共通の願いです。そして、すくすくと発育していく姿を見ることは、何よりの喜びです。離乳食は、健康に育つための食生活のスタートラインです。

離乳期は、子どもの成長・発達にともなって、咀しゃく（つぶす・かむ）、嚥下（飲み込む）が著しく発達します。この時期は、食べることの楽しさを十分味わうことが重要です。

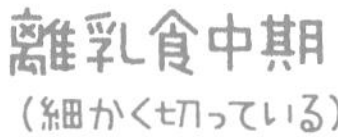

離乳食中期
（細かく切っている）

離乳食後期

一人ひとりのかむ力に沿った調理形態の離乳食は、咀しゃく機能を発達させます。月齢や発達段階に合わせて、味や固さ・大きさ・粘度などに配慮しています。離乳食の食べ方や食べる速さの違いにも対応して進めています。

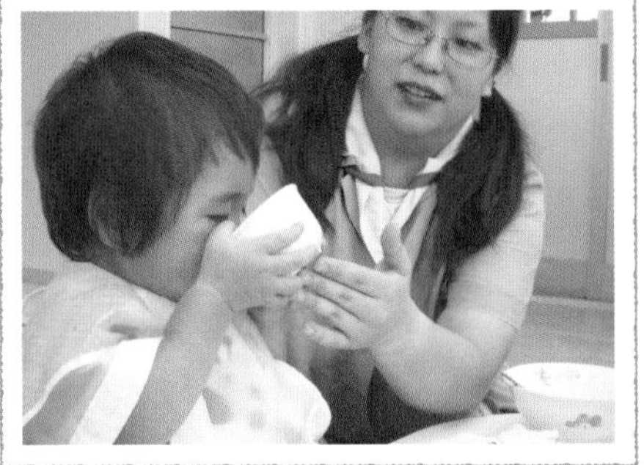

月齢が後期で、食べる機能が未発達な場合は、咀しゃく力を高めるために、離乳食の形態を工夫します。離乳食初期の後半に戻し、様子を見ながら、中期、後期へと進めていきます。

教育と成長の視点

園では一人ひとりの子どもに合わせてゆっくりと離乳を行い、コップやスプーンなどの使い方を教えています。口の開け方や、咀しゃくのしかたの手本を示したり、食事の際のかかわりをいろいろ工夫することで、食材の味や固さ、大きさに慣れ、食欲につなげることができていきます。

自分で食べる

離乳が完了したら、食べる意欲が育つように援助をしています。この時期の咀しゃく・嚥下機能は、とても個人差が大きいものです。園では、離乳食を月齢や年齢で一律にせず、子ども一人ひとりの咀しゃく力や、飲み込みの様子などをきちんと確認しています。

食べさせてもらっていた子どもに、だんだん自分で食べたい気持ちが芽生えてきます。食べ物や飲み物は少しずつ与えて、達成感を味わえるようにしています。

離乳食完了期の給食の様子。一人ひとりに合った援助をしています。

あそび食べが始まりますが、それとなく注意して、食事のマナーを伝えます。散らかしながらも自分で食べるので、食べる様子を見守り、途中から援助して食べ終えるようにします。

2歳児の給食の様子。自分で食べる習慣が身についています。

教育と成長の視点

友だちの食事の様子を見ることで刺激を受けて、食べることに意欲が生まれます。また、じょうずにほめることで、自分で食べようという意欲につながっていきます。食べ物は、種類によってかんだときの音や舌ざわりがそれぞれ異なります。そのときどきに伝えると、五感の発達を促進することにもなります。

肌と肌のふれあい

おむつ替え（健康時）

おむつ交換の時間は、肌と肌がふれあうスキンシップの機会です。子どもが気持ちいいと思うだけでなく、楽しいと感じられるように、優しく言葉を掛けながら行いましょう。また、足を屈伸したり、体全体を優しくマッサージしたりするといいでしょう。

おむつ交換台の設定

おむつ交換台のシンクや、交換マットは、使用前には流水で洗い流す。また、使用後は消毒をするなどして、清潔に使えるようにしておく。

水にぬれても大丈夫なおもちゃ

ゴム手袋・ポリ手袋

すぐにバタバタ動き出し、ひっくり返ろうとするので、おもちゃなどを準備しておく。

バスタオルを入れておく。

ポリてぶくろ

うんちのときだけでなく、肌の状態がよくないときも、シャワーを使って清潔に保てるようにする。

広告の紙や新聞紙を用意。汚れそうなところに敷いたり、使用済みおむつを包んだりする。新聞紙には消臭効果がある。

汚れ物は包んでから、記名したポリ袋に入れて、降園時までハンガーにかけておく。

＊おむつ交換台やシャワー台は高い位置にあるので、子どもから目を離さず安全に行うことが大切。
＊おむつかぶれに注意。うんちの回数が多い場合はシャワーできれいにし、清潔に保つようにする。
＊おむつ替えをするときは、ゴム手袋（または使い捨て手袋）を使用する。

保育ドキュメント

20××年×月×日

6か月児
授乳中のおむつ替え

乳児	9名
保育者	4名

	保育の記録	アドバイス
9:30 	Sくんはミルクをおいしそうにゴクゴクと飲んでいたが、しばらくすると顔が真っ赤になり「プリプリ」と音がする。するとすぐにミルクを飲まなくなり、大声で泣き出す。	「Sくん、うんち出たのかな？」などと声掛けしながら、授乳を中断しておむつを確認します。Sくんは日ごろからミルクを飲み始めるとおならやうんちをすることが多いので、他の保育者とも「また、うんちじゃないのかな？」と声を掛け合うといいでしょう。
9:40 	新しいおむつを準備しておむつ交換台へ行き、Sくんを寝かせる。気持ちが悪いのか、まだ泣きやまない。おむつを取るとおしりがひどく汚れているので、衣服を脱がせ、交換台の横のシャワーへ。	「うんちが出たのね。きれいにしようね」「ゴロンするよ」と子どもと視線を合わせて話しかけながら交換台に寝かせ、「きれいにしようね」と優しく服を脱がせましょう。ひどく汚れているときは、「シャワーして気持ちよくしようね」などと声を掛けて、不安にならないようにします。
9:45 	シャワーを出しながら左手でSくんを支え、右手でおしりをきれいに洗う。使い捨て手袋を使用する。Sくんは気持ちがよくなったのか泣きやみ、「あ～う～」と声を出し始める。きれいになったのでタオルでしっかり拭く。	お湯の量や温度を必ず保育者の手で確認します。Sくんは生後6か月で腰もすわってきているので保育者ひとりでも洗えますが、月齢によっては別の保育者に応援を求めましょう。
9:50 	おむつ交換台の上に寝かせて、新しいおむつ、衣服に着替えをする。「さっぱりした」という表情になる。だっこで部屋に帰る。	「もう終わるよ」「きれいになったね」と話しかけたり、おなかや足などをさわって、Sくんと1対1のかかわりを大切にしましょう。
9:55	うんちのおむつを丸めて広告の紙でにおわないように包んで捨て、汚れた衣服はSくんの汚れ物袋に入れる。	うんちをトイレに流してから、汚れたおむつを丸めて広告の紙で包み、ポリ袋に入れて捨てます。石けんや消毒液で手をきれいに洗ってから、あらためてミルクを飲ませましょう。

P.82 ドキュメンテーション⑤に掲載

心も体もすっきり!!

おむつ替え
（体調不良時）

うんちが軟らかかったり、下痢ぎみだったりする場合、力んだり、むずかったりするので、赤ちゃんの表情に気をつけましょう。おむつ交換は機械的にならないように、「おしっこ出たかなあ」「さっぱりしようね～」「きれいにしましょうね」などと優しく語り掛け、「不快」から保育者のかかわりで「快」に変わるという応答的なかかわりをしていきましょう。

軟便・下痢のときのおむつ交換の方法

1. 必要な用品を一定の場所に整えておく（あらかじめ衣服の汚れの確認をし、汚れのある場合、着替えも一式準備する。また、使い捨て手袋を使用する）。
2. あわてず、ゆっくりと語り掛けながら、手早く取り替える。
3. うんちの色（黄色・茶色・白色）、におい、赤ちゃんの機嫌はどうかなど、しっかりと観察する。検温も行う。
4. うんちのついたおむつは新聞紙で包んでから、ポリ袋に入れ、汚れた衣服も別のポリ袋に入れて、それぞれ片づける。
5. 感染予防のため、手洗いと、ベッド・おむつ交換台・おもちゃなどの消毒も忘れない。
6. 一緒にいる保育者と相談しながら、家庭への連絡も視野に入れておくとよい。

注意!

＊感染性の病気には細心の注意を払う。とくに軟便・下痢のときは感染性の病気の可能性を念頭に置き、感染を予防するための処置を怠らない。

保育ドキュメント

20××年×月×日

下痢の子のおむつ替え

乳児 7名
保育者 3名

	保育の記録	アドバイス
7:45 	登園途中でうんちをしたとお母さんより伝言あり。遅刻になりそうだとのことで急いで出勤。Aちゃんは顔色、表情全体に変わりはなく、機嫌も悪くなかった。うんちのにおいが少し気になりながら交換に入る。	保護者の出勤後にでも、電話などで家庭での様子を確認してみることが大切です。下痢の原因がわかるかもしれません。
7:50 	新しいおむつ、着替え、おしり拭き、新聞紙、ポリ袋を用意して、Aちゃんをおむつ交換台へ寝かせて取り替えに入る。Aちゃんは手や足を動かしながら待っていた。	おむつ交換台は狭いのでたいへんだったのでは。においが気がかりな場合は床での交換も考慮に入れておくといいのではないでしょうか。場所が広いことで保育者に余裕が生まれます。
7:55 	おむつを開けたら水様性の下痢だった。朝の忙しい時間帯で他の保育者に手伝いを頼むことができず、ひとりで行う。困惑しているのがAちゃんにもわかるのか、不機嫌になる。	水様便で、Aちゃんの機嫌は悪くなかったとありますが、このときに「うんちがゆるいねぇ」「大丈夫？」と声を掛けることでさらに安心感につながるのではと思います。複数担任制であっても、保育中はときにはひとりになることもあります。ひとりのときにどう対応するか、イメージをしておくことも大切です。
8:00 	Aちゃんに声を掛けることもできず、ただただおしりのうんちをきれいに拭き、衣服の着替えを終えて、うんちのおむつを新聞紙に包み、ポリ袋に入れて片づけ、手洗いをしてだっこする。気持ちよくなったのか、Aちゃんの機嫌もよくなる。	優しく語り掛けようとしてもなかなか声が出なかったのでしょう。そういうときは手順を一つひとつ声に出せば、落ち着いてきます。 「着替えやすいように洋服を重ねておくね」 「おしり拭きも何枚か出しておこうか」 「先生の手、冷たくないかな？」 「さぁ交換するよ」などなど。
8:20	ようやくAちゃんに「さっぱりしたねぇ」と声を掛けると「ウッウッ」と声を出したり、ほほえんだりして応答する。 Bちゃんが登園すると同時に保育者も入室。	交換したあとで手を握ったり、足を屈伸したり、背中をなでたりと、スキンシップをとるのもいいのではないでしょうか。急いで交換し、たいへんだったものの、豊かな時の流れとしてとらえることで、心も体もリラックスすると思います。

P.83 ドキュメンテーション⑥に掲載

おむつ替え（健康時）

肌と肌のふれあい

おむつ交換は、汚れたおむつを交換するだけではなく、肌と肌がふれあう大切なスキンシップの時間です。便の状態はもちろん、肌の状態や、傷がないか、股関節の動きなども確認しています。

うんちが出ると保育者のそばに近寄ってくるAちゃん。「うんち出たの？　きれいにしようね」と声を掛け、シャワーをします。お湯でおしりを丁寧に洗うと、気持ちよさそうでした。

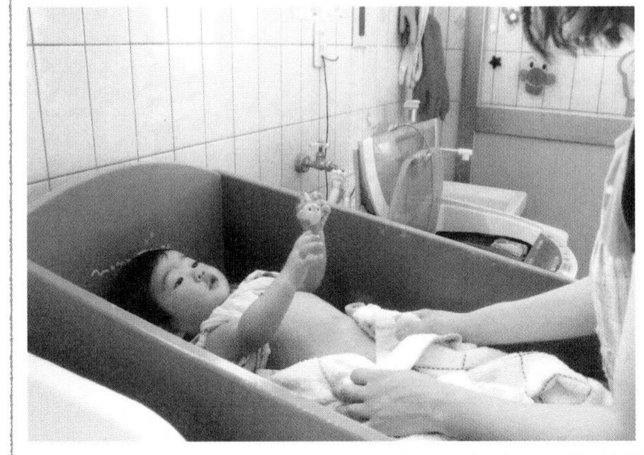

「うんち出たね」「きれいにしようね」と優しく声を掛け、不安を感じさせないようにします。
「きれいになったね～」と声を掛けるとニコニコ。1対1で過ごすほんのわずかなシャワータイムですが、Aちゃんの名前を呼んだりお話ししたり……。「じょうず！」とほめると、両手をパチパチしてかわいいしぐさを見せてくれます。

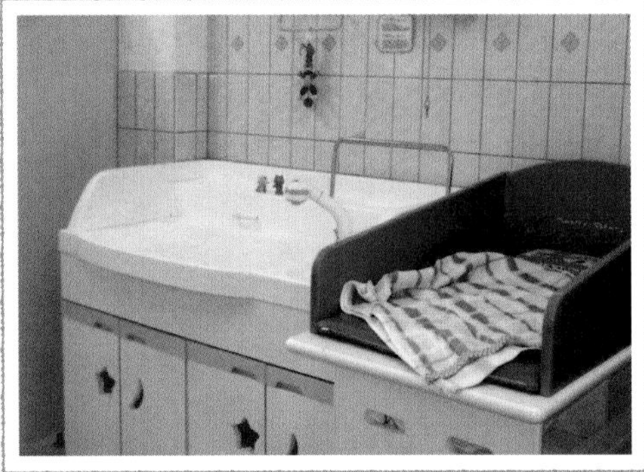

おむつ交換台

隣にシャワー台があり、すぐに水やお湯が使えるようになっています。立ち歩く月齢になると、交換台からの転落の恐れもあります。マットを敷いて、床での交換もできると安心です。

教育と成長の視点

おむつが汚れて気持ち悪いと、泣いて訴えたり、おむつを替えてもらおうと保育者のそばに寄ってくる子もいます。「気持ち悪かったねえ」「きれいにしようね」と声を掛けながらおむつを交換してもらうことで、こうすれば不快を取り除いてもらえるということが、だんだんわかってきます。おむつ交換も黙って行うのではなく、「きれいになったよ」「気持ちいいねえ」と会話しながら行うことで、子どもとの信頼関係がだんだん深まるように配慮しています。

6 心も体もすっきり!!

おむつ交換のとき、においが少し酸っぱかったり、うんちをするときの赤ちゃんの表情がいつもと少し違っていたら、あらかじめ大きめのタオルとおしり拭き、状態によっては着替えも準備してから交換に入ります。

発熱の場合、赤ちゃんがぐったりするので、気をつけて健康状態を確認しますが、軟便や軽い下痢の場合は、比較的元気なので大丈夫かと思いがちです。

しかし、下痢から急変するケースもあるので、うんちの状態には気をつけるようにしています。

家庭でも、うんちの色（黄色・茶色・白色）、におい、回数など、気になったらすぐにかかりつけの病院を受診されることをおすすめします。回数が多いときは、脱水症状を起こすことがあるので注意が必要です。

下痢ぎみの赤ちゃんのおむつ替えは、新聞紙を敷いて行うと安心です。下痢のときはおしりがかぶれやすいので、いつもよりも優しく丁寧に行います。

教育と成長の視点

便や尿は健康と深く結びついていますので、回数・におい・量・色など、その都度気をつけましょう。「体調が少しくらい悪くても赤ちゃんだから何もわからない」と思わず、今起きている現象を赤ちゃんにきちんと伝えることが大切です。ひとりの人間として大切な存在であることを伝える瞬間でもあり、また、快と不快を体得し、これからの成長につなげていくうえでも、おむつ交換には大事な意味があります。

トイレトレーニングを楽しく

1歳を過ぎ、歩行がしっかりとしてくるころには、排尿間隔も40分～1時間くらいになってきます。間隔が決まってきたら、トイレトレーニングを始めてみましょう。

排泄

プロジェクト7

トイレトレーニングとは？

いつでもどこでも排泄していいのではなく、決められた場所で排泄をするという、社会的ルールを身につけていくこと。トイレで排泄することの気持ちよさやうれしさを伝える。

トレーニングの進め方

1. 午睡から目覚めたときは排尿のタイミングが合いやすいので、トイレに誘ってみよう。
2. トイレに慣れるまではひとりずつ誘い、不安がることがないようにそばにつき、見守る。
3. パンツを脱いだ状態でトイレに座ったほうが、姿勢が安定する。

★家庭と連携してトレーニングを進めることが大事です。おむつではなく、トレーニングパンツや排尿したことがわかりやすいパッドを使用するなど、子どもも保護者も両方でトレーニングを進めていけるよう援助しましょう。

注意!

トイレの安全面をしっかりチェック！

＊床はすべりやすくなっていないか？
＊洗剤など危険なものが手の届く場所にないか？
＊慣れてくると数人を同時に連れていけるようになるが、必ずそばにつき、危険のないように配慮する。
＊季節に応じた室温を設定する。

保育ドキュメント

20××年×月×日

午睡後のトイレトレーニング

幼児 10名
保育者 3名

	保育の記録	アドバイス
15:15	午睡から目覚め、紙パンツがぬれていなかったので、トイレに誘う。Aくんはまだ眠くてぐずり、なかなか行こうとしない。声を掛け、パンツを脱がせ、トイレに座らせる。	心地よく目覚めるように、音楽をかけたり、窓を開け空気を入れ替えたりと工夫するといいと思います。優しく声を掛け、目覚めが悪い子に対しては、しばらくだっこをするなど1対1でかかわり、子どもが安心してからトイレに誘うなど配慮しましょう。

15:20	Aくんが不安な表情を見せるため、保育者がそばにつき、声を掛けながら様子を見る。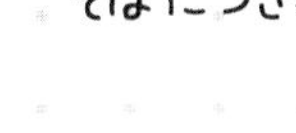	「トイレ＝暗い、狭い、怖い」という印象をもつ子も多いはず。電気をつけて明るくし、絵やシールを飾って、見せるなど、気分転換できるようにしながら様子を見ます。子どもが好きな絵を飾るなどの環境構成も大切です。
15:22	Bくんはトイレで排泄ができたので、そのことを十分にほめ、喜びに共感する。	「できたね！ すごい！」など、排泄できた喜びに共感することで、Bくんが自信を持ち、次回も気持ちよくトイレで排泄できるように、援助しましょう。

15:25	Aくんはしばらく座っていたが、排泄できなかった。がんばって座っていたことを認め、声を掛け、保育室に戻った。	排泄できなくても、一定時間座ることができたら切り上げていくのはいいですね。「また行こうね」など優しく声を掛け、トイレに対して不安や負担を感じないよう配慮していきましょう。

P.88 ドキュメンテーション⑦に掲載

着脱する力をはぐくもう

0・1歳児は体温の調節を統制する脳の発達が未熟なため、気温の変化に応じてこまめに衣服の調節をすることが必要です。真っ赤な顔をして汗をかいているときは、暑すぎるので脱がせることが必要ですし、鳥肌が立っていれば、寒いので余分に着せることが必要になります。

プロジェクト8

ねんねのころ

1. 一度に着せられるよう、服と肌着を重ねて、そでを通しておく。
2. 上着やシャツのそで、ズボンなどは、大人の手をそでなどから入れて、子どもの手、足を持ち、通す。
3. 子どもの姿勢に負担がかからないように、腕や足を強く引っぱらないようにする。特に歩き始めまでは、下肢が脱臼しやすいことに注意。
4. 服を脱がせたとき、体にあせもや湿疹、かぶれ、気になる傷跡やあざなどがないか、チェックする。

おすわりできるようになったら

1. 頭からかぶせて着るものは、十分にえりぐりを広げて、頭が通りやすいようにしておく。
2. 上着やシャツを頭から脱がせるときは、まず手を片方ずつ脱がせ、衣服を肩口まで持っていってから頭を通すようにすると、簡単にできる。
3. 「ばんざーい」や「あんよ入れて」など、子どもがわかりやすい言葉掛けをしながら着替えをする。言葉のやり取りを楽しみながら、子どもが自分から動いたことをほめる。

＊着せすぎかどうかは、えりくびや背中にちょっとふれてみて、汗ばんでいるかどうかでわかる。ただし、大泣きをしたあとや寝入ったあとなどは、厚着とは関係なく汗をかくので、状況に合わせて判断を。

保育ドキュメント

20××年×月×日

4か月児
あそびのあとの着替え

乳幼児 20名
保育者 7名

	保育の記録	アドバイス
12:30	暑さで頭も体も汗びっしょり。ぬるま湯で簡単に汗を流し沐浴をする。気持ちよさそうに湯船の中でじっとしている。	個々に応じて、温水で優しく体を洗い、沐浴をします。肌が敏感なのでむやみに石けんは使わず、ぬるま湯で洗いましょう。

12:45	保育者が優しく語り掛ける顔を見ながら、おむつをつけてもらう。お気に入りのぬいぐるみなどを持たせてもらい、機嫌がいい。	「気持ちがいいね」など優しく言葉を掛け、きれいになった心地よさを感じることができるようにしていきましょう。

12:50	保育者とのスキンシップや優しい語り掛けを楽しみながら、手や足をバタバタと揺らして機嫌よく服を着せてもらう。上着のそでの部分は、手を引っぱらないように「おててを通すよ」と声かけをしながらゆっくりと通す。 さっぱりとして気持ちよいのか、笑顔や喃語が多く見られる。	子どもの体に、あせもや湿疹、かぶれているところ、気になる傷跡やあざなどはないかチェックしましょう。 「さっぱりしたね」など、子どもの目を見て、笑顔で語り掛け、さっぱりとした感覚が味わえるようにしていきます。 コチョコチョなど、子どもとのスキンシップを楽しみながら、喃語に十分応じ、言葉掛けしながら着替えられるようにしましょう。

13:05	哺乳瓶に用意しておいた湯冷ましを保育者にだっこされながらゴクゴクと飲む。	とても暑く発汗も多いので、脱水予防のため個々に合った水分の補給をしていきます。

13:15	暑かったのと沐浴をしてのどが渇いたのとで、おいしそうに一気に飲んでしまう。 そのまますやすやと眠った。	自然に眠れるようそばで見守ったり、優しく体をなでたりします。睡眠中は子どものそばを離れないようにし、こまめに子どもの呼吸の状態、顔色、体位などを観察し、午睡安全点検表に記入していきましょう。

→ P.89 ドキュメンテーション⑧に掲載

ワンダーぐみ　保育ドキュメンテーション　排泄

7 トイレトレーニングを楽しく

1歳を過ぎたころから、だんだんと排尿間隔が長くなってきます。歩行がしっかりとしてきたら、トイレトレーニングを始めていきます。

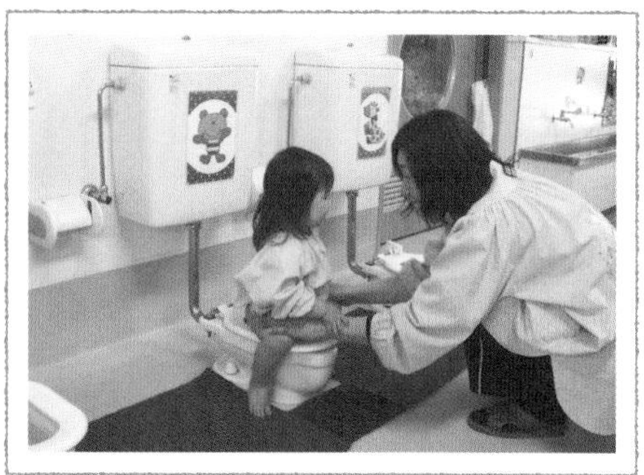

まずは寝起きにトイレへ誘ってみます。

おしっこが出たら、出たことを一緒に確認して、たくさんほめます。

失敗してもけっしてしからず、「大丈夫だよ」と優しく声を掛けています。

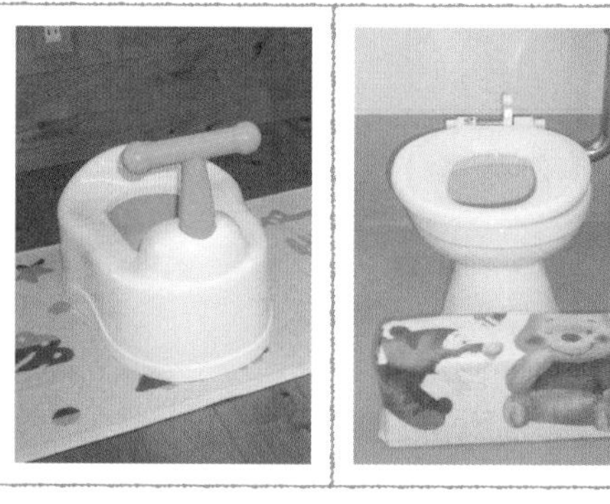

おまるにかわいいマットを敷いたり(左)、トイレに踏み台を用意して足元を安定させるなど、快適なトイレを工夫しています。

教育と成長の視点

1歳児は、外界への興味がぐーんと広がり、何にでも興味を示す時期です。トイレもそのひとつ！　自分のことが自分でできるうれしさ、満足感を大切にして、周りの大人が援助をし、その喜びに共感していきましょう。トイレトレーニングを始めると保護者のほうが神経質になりトイレに誘う回数も増えがちですが、これは逆効果。根気よくかまえ、あせらない、無理しない・させないことが大切です。

8 着脱する力をはぐくもう

パンツを自分で脱ぐことは、成長してみれば何げない動作ですが、子どもたちにとっては、とてもうれしく誇らしいことのようです。今まで大人にやってもらっていたことが、自分でできるようになった。その気持ちを認め、一緒に喜び、やる気につなげています。

衣服が汗ばんだり、ぬれたりして着替えるときに、「○○ちゃん汗かいてベタベタだから着替えようね」「気持ちよくなったね」などと語り掛けながら介助することで、子どもの発達を促します。

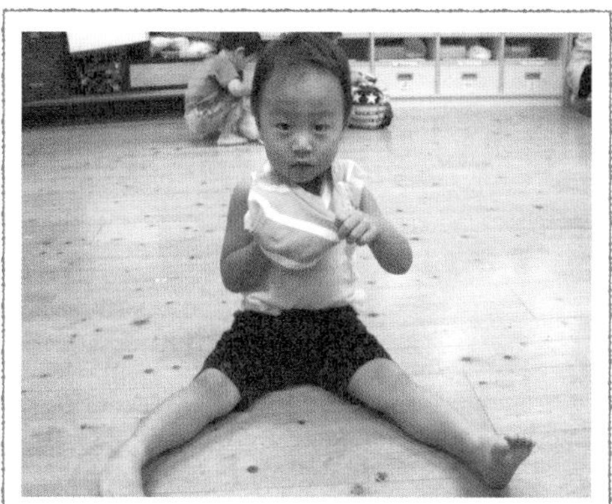

少しずつ自分でやりたい気持ちが芽生えたら、「一緒にやってみようね」と言って手伝いながら、「できた」気持ちよさを知らせています。
子どものやりたい気持ちを大切に様子を見守り、必要に応じて援助します。
そして最後には「じょうず！」「ひとりでできたね」などと言葉を掛け、ひとりでできたことを一緒に喜びます。

教育と成長の視点

今まで大人にやってもらっていたことが、自分でできるようになった──そのことを保護者や保育者が一緒に喜んでくれた経験がだんだん増えてくると、ひとりでパンツを脱いでトイレに行く姿も増えていきます。まだ自分でできない難しい服の着脱は援助して、少しずつ子どもたちのできる範囲を広げていきます。着替えを自分で持ってこられるようにするなど、子どものやりたい気持ちがかなうような環境づくりも必要です。

はいはいできるかな？

運動あそび

赤ちゃんは、特定の保育者と十分なかかわりを持つことで心の安定をはかり、そのきずなが安全基地となって探索行動への興味を高めていきます。喃語を発したときに応答したり話し掛けたりするなど、応答的な環境がコミュニケーション機能や発育を促し、全身運動にもつながっていきます。個々の発達状況を確認し、一人ひとりの成長を見守りましょう。

ふれあいあそび

たくさんふれあってあそぶ

一本橋
こちょこちょ

全身の
くすぐりっこ

全身を動かしてピョンピョン

ジャンプをするように、ひざの曲げ伸ばし運動をする。

おひざの上で
ピョンピョン

おしりをのせて
ピョンピョン

みんなではいはい よーいドン！

大人も赤ちゃんもみんなはいはいで、ボールを転がして追いかけっこしよう。

やわらかいボールを使う。

はいはいのできない子も腹ばいになり一緒に楽しむ。

保育ドキュメント

20××年×月×日

朝のふれあいあそび

乳児	12名
保育者	4名

	保育の記録	アドバイス
8:30	登園してくる子ども一人ひとりを視診しながら優しく声を掛ける。家庭での様子を保護者から聞く。保育者にだっこされ、喜んでいる。	視診と同時に触診が必要です。優しく声を掛けながらだっこし、表情・体温・怪我の有無・体の様子を見ることが大切です。
8:40	おむつ交換をする。名前を呼び、言葉掛けをしながら笑顔で行い、安心できるようにする。	「気持ちいいね」など赤ちゃんの気持ちを理解しながら交換しましょう。
9:00	おやつ、検温。「おいしいね」「お熱はないかな?」など声掛けをすると、笑顔を見せていた。検温のときはおもちゃなどであやし、楽しいことへ興味を向けながら行う。	目と目を合わせ、笑顔でゆったりと会話するようにかかわり、接している姿がよいですね。子どもがほほえんだらほほえみ返すなどの応答的な関わりをしていきましょう。
9:30	ふれあいあそび。「一本橋こちょこちょ」などのくすぐりっこから始め、ひざの上におしりをのせての全身運動、ボールの追いかけっこなど、保育者とのかかわりを十分に持ちながら楽しく行う。歌や声掛けを十分に取り入れ、やりたい気持ちを高めながら、無理やりにならないよう進める。	ゆったりとしたあそびがとてもいいですね。特定の保育者と十分なかかわりを持つことが、赤ちゃんの心の安定につながります。そのきずなが安全基地となり、探索活動への興味が高まっていきます。また、全身を使うあそびが筋力を発達させ、自発的な動きを促していくでしょう。
10:00	入眠する。静かな環境で十分に眠れるよう配慮する。布団の上で転がったり声を出したりしていたが、保育者の働きかけで次第に眠くなり、5〜10分ほどで入眠した。入眠後も常時保育者が様子を見る。	赤ちゃん一人ひとりの顔色、表情を見ながら、安心して眠れるよう援助します。優しくトントンしたり、子守歌をうたったりして、快い眠りを誘いましょう。

保育者の活動に対し、子どもの反応はどうだったか、そのときの子どもの様子をもう少し詳しく記録しておくと、保育のPDCAサイクルをうまく回していくことができるでしょう。

P.94 ドキュメンテーション⑨に掲載

元気いっぱいリトミック

リズムあそび

リトミックは、スイスの音楽教育家ダルクローズによってつくられました。音楽を基盤とし、心身の調和と発達を促し、反応力・反射性・直感力・記憶力などを高めていきます。1歳後半ごろから自由な表現を導くための環境づくりをし、音楽の心地よさを感じられるよう配慮し、体を動かす楽しさを味わえるようにしていきましょう。

初めてのリトミック

○代謝が上がるので、薄着になり、動きやすい服装で。
○子どもたちの表情・動きが見えるようにし、一緒に楽しみながら心の安定をはかる。
○やりたがらない子がいても、強要しない。興味を持てるような働きかけをする。
○動きに危険のないよう、複数の保育者で行う。
○音やリズムの違いがわかりやすく、よく聞こえるように。

どんぐり

足の親指で床をけりながら横転する。

こうま

はいはいからひざを上げて腰を高くし、高ばいで進む。→立ち上がり、ギャロップで馬になってかけまわる。

めだか

両手を前に合わせて水をかき分けるようにし、すばやく泳ぐ動作で魚を表現する。

とんぼ

両手をまっすぐ横に伸ばし、とんぼになって好きな方向に思いきり走る。→片足で立ち止まり、竹の先にとまったとんぼを表現する。

うさぎ

両手をうさぎの耳にして上に伸ばし、両足をそろえてピョンピョン跳ぶ。全身の力を抜いて行えば整理体操に。

あひる

しゃがんで、両手をあひるのつばさにして斜め下に伸ばし、足を交互に出して歩く。

＊広いスペースを確保し、一人ひとりが十分に動けるように。
＊障害物や段差など危険のないようにする。
＊換気・室温に留意し、水分補給をする。

参考文献『改訂版 さくら・さくらんぼのリズムとうたーヒトの子を人間に育てる保育の実践』（群羊社）

保育ドキュメント

20××年×月×日

ホールで行うリトミック

幼児 11名
保育者 4名

	保育の記録	アドバイス
9:30	「うさぎさんはピョンピョンだね」「あひるさんはよちよち歩くね」と話しながら絵本の読み聞かせをし、リズムあそびをすることを伝え、手足の動きを一緒に行ってみる。ひとりずつ名前を呼び、動きやすい服装に着替えをしながら体調をチェックする。	具体的に本の題名を書いておくと、あとで参考になります。模倣する動物を挙げ、全身、手、指の動きまで確認しておきましょう。 一人ひとりの顔色や、熱がないか、機嫌はどうかなど、子どもの状態を把握しておきます。

9:50	ホールに移動し「お願いします」のあいさつをする。先頭で正しい動きを行う保育者、子どもの動きを見ながら優しく補助する保育者、背後から見守る保育者に分かれ、全体を把握する。「○○ちゃんじょうずだね」「ジャンプしようね」と声掛けしながらピアノに合わせて行っていく。疲れた子や、なかなか入れない子は、無理せず座って見たり、手をつないで行ったりしながら興味を引く。呼吸を整え「ありがとうございました」のあいさつで終わる。子どもたちに満足感が見られた。	一人ひとりの月齢、運動能力が異なるので、常に体調や表情を見てください。 リトミックの指先の細かい動きは、保育者が正しく行ってゆっくり大きく見せていくことが大切です。ピアノに合わせ、体の動きのポイントをひとことずつ知らせ、意識が持てるようにしていきます。また、じょうずにできたことを十分にほめましょう。 子どもの様子も記録することが、保育の振り返りのために必要です。

10:30	部屋に戻る。「楽しかったね」「またやろうね」と声掛けしながら体調をチェックし、着替え、水分補給をしていく。「楽しかったね」「ピョンピョンしたね」と話したり、ホールで行った動きを、身ぶり手ぶりで見せたりしていた。 簡単な着脱を自分でしようとする姿が見られた。	子ども一人ひとりの体調を確認し、水分補給、休息が十分とれるよう配慮していていいですね。 また、今日出てきた動物の名前を確認するなどの振り返りをすると、次回への期待が生まれるでしょう。

P.95 ドキュメンテーション⑩に掲載

ワンダーぐみ 保育ドキュメンテーション 運動あそび

9 はいはいを促すふれあいあそび

園では、子どもたちとの心のつながりを大事にしながら、発達段階に合わせてさまざまな運動あそびやふれあいあそびを行っています。赤ちゃんは信頼できる大人とのたくさんのあそびのなかで、はいはいができるようになっていきます。

一本橋こちょこちょ

全身のくすぐりっこ

おひざの上でピョンピョン運動

ジャンプするようにピョンピョンします。

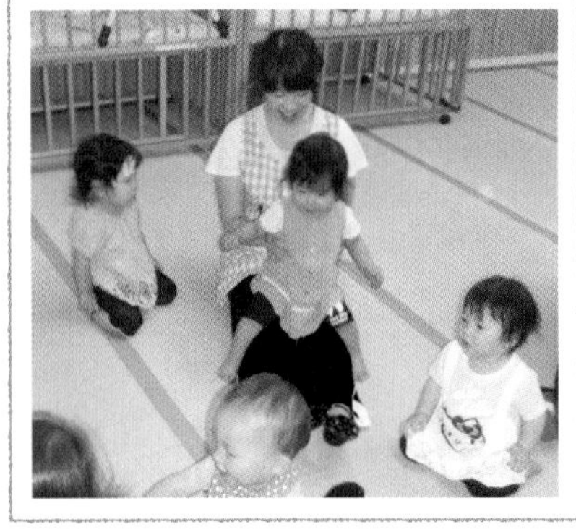

おしりをのせてピョンピョン運動

はいはい、よーいドン!

ボールを追いかけてあそびます。はいはいのできない子も、腹ばいになって一緒に楽しみます。

たくさん笑ってたくさん運動したので、そのあとの午睡では、ぐっすり眠ることができました。

教育と成長の視点

はいはいによる手足や指先への運動刺激が、脳の発達を促すことにつながると言われています。また、はいはいをすることで、直立したとき重い頭を支えられるように、首や腕などが鍛えられます。転んだときにとっさに手をついて大切な頭を守れるのも、はいはいをしながら身につく力だと言われています。はいはいをすべき時期には、ふれあいあそびのなかで十分はいはいを経験し、一緒に喜ぶことが、健やかな成長のために大切です。はいはいは体重との関係が深く、その動作や時期には個人差があり、はいはいをせずにつかまり立ちや立っちをする赤ちゃんもいます。その場合は、歩行後にリトミックや外あそびなどで十分に体を動かしていくといいでしょう。

10 元気いっぱいリトミック

園では、リズムあそびを通して、リトミックを行っています。最初は保育者のまねをしながら行っていますが、次第に音の違いやリズムの変化を聞いて、自分から表現できるようになります。スキンシップをとりながら行うことで、心の安定をはかっています。

月齢に関係なくその子なりの動きで行えるので、運動機能の発達を促します。

うさぎ
いっぱいジャンプしよう！

めだか
いっぱい泳ごう！

こうま

はいはい

高ばい

ギャロップ

どんぐり
思いきり転がっちゃおう！

とんぼ

飛ぶように走る

とまる

あひる
よちよち歩き

教育と成長の視点

表現方法に正解はありません。その子なりに動くことで、音とリズムを一体化し、体で表現するおもしろさに気づきます。友だちや保育者と一緒に行うことで、発見や気づきがあり、心の安定にもつながります。また、最初と最後のあいさつを行うことで、物事のけじめを体感し、さらには感謝の気持ちや信頼感も生まれることでしょう。

手があらわす言葉の意味

言葉（指差し）

0歳児の指差しは、要求や感動を大人に伝えたい「心の言葉」です。指差しが出てきたら、よりいっそう丁寧な言葉掛けを心掛けます。指差しにはたくさんの意味が込められています。

プロジェクト11

10か月ごろまで

大人に抱かれている赤ちゃんが、そばを通る犬を見つけたときや、美しく咲いた花を見つけたとき、にっこりしてそちらのほうを指差すのは、赤ちゃん自身がまさに人間として、それまで以上の交流を求め始めたことを示すもの。その求めに十分に応え、「わんわんだね。大きいね」「お花きれいね」などと、言葉にして語り掛け、コミュニケーションをとる喜びを伝えていく。

11か月～1歳ごろ

外に出たいとき、あそびたい遊具を取ってほしいときなどの「要求の指差し」、また、動物や乗り物などを見つけての「定位の指差し」が盛んになる。指差しは「外に行きたい」「わんわんがいるよ」という心の言葉。そのときに保育者は子どもが指差したものと同じものを見つめ、「外に行きたいのね」「わんわんが来たね」など子どもの伝えたかったことや、感動したことを言語化し、共感する。そのくり返しが「ものに名前があること」「自分の思いが伝わること」を知らせ、言葉の獲得へとつながっていく。

保育ドキュメント

20××年×月×日

11か月児

指差しで伝えたいことに共感する

乳児 25名
保育者 9名

	保育の記録	アドバイス
9:00	おもちゃのチェーンリングを、ミルク缶に入れたり出したりしてあそんでいる。天井から吊り下がったモビールが、風に揺れていることに気づき、指差しをする。	子どものサインに、保育者が「揺れているね」と言語化することが、言葉の土台をつくります。
9:40	「散歩に行こうね」と声を掛けると、「あーあー」と喜んで手を差し出す様子が見られる。だっこすると、棚の帽子を指差す。保育者が「帽子はここにあったね」と帽子をかぶせる。一緒に散歩に出かける子どもたちにも、帽子をかぶせた。	「天気がいいので散歩に行こう」という語り掛けで、行動の見通しと安心感を持たせることができています。「外に出るときは帽子をかぶる」という言語理解を促すとともに、毎日の生活日課の定着に努めることが大切です。「帽子はここにあったね」という言葉を返したことはいいのですが、ここでは帽子のことだけではなく、「散歩に早く行きたい」という思いも想像されるので、子どもの言葉の意図することを、もっと考慮するといいですね。
10:00	散歩の途中で犬がいることに気づき、「あーあー」と喜びの表情で指差し、保育者に知らせた。「わんわんがいるね。かわいいね」と言葉を返した。	「ここにわんわんがいるよ」と発見した喜びに対し保育者の共感の言葉があったことで、自分と同じものを見てくれているという喜びが感じられます。 指差しをしたとき、保育者が子どもの心を常に受け止めている様子がうかがえます。子どもは自分で発見し、自分で伝えることでコミュニケーションが成立することを喜びとします。これからも大人がその発見に共感して言葉を添え、「言葉の獲得」を援助していきましょう。

P.100 ドキュメンテーション⑪に掲載

気持ちが言葉になるまで

1～2歳児は、友だちへの関心も強くなり、おもちゃのやり取りをする姿が見られる反面、コミュニケーションをとるための表現力が十分でないために、ぶつかり合いも多くなります。自分の「つもり」と友だちの「つもり」とのギャップや、自分が思っていることを言語化できないというもどかしさから起こることが多く、ある意味、子どもの成長のあかしでもあります。

プロジェクト12

かみつきが起こったら

自我が生まれふくらんでくるころに、かみつきなどが見られるようになる。友だちとおもちゃなどの取り合いが始まったら、保育者が、取った子ども、取られた子どもの気持ちを言語化することが大切。「欲しい！」という気持ちで友だちのおもちゃを取ってしまった場合、「かしてと言うのよ。かみつくのはよくないことよ」ときちんと言って知らせる必要がある。

言葉の基礎になる力

言葉が出るまでに必要ないろいろな力を、じっくりと育んでいこう。

1）十分泣く【呼吸機能、発声の基礎づくり】
2）笑い、声を使い分ける【情緒の表現、大人の関わりを誘い出す】
3）母親の声を聞き分ける【聴覚弁別】
4）大人と同じものを見る【共同注視】
5）気持ちを分け合う【三項関係】
6）バブバブ、おしゃべり（喃語）【構音の練習】
7）動作や音のまね【模倣による学び】
8）話しかけられる内容がわかる【言語理解、認知、知的発達】
9）気持ちを動作や表情で表す【伝達意図の明確化】
10）手や指の動き【微細運動、つまむ】
11）指差し【言語化の前段階】
12）やり取りあそび【役割の交代、会話のパターン】
13）ゴニョゴニョおしゃべり（ジャーゴン）【構音やイントネーションの練習】
14）発音する力

保育ドキュメント

20××年×月×日

1歳6か月児
積み木の取り合いでかみつき

幼児 25名
保育者 5名

時刻	保育の記録	アドバイス
11:00	Kくんはひとりで積み木の山を作っている。	保育室の環境はどうだったでしょうか。あそびの設定の際、積み木の数が十分足りるか確認が必要でしたね。

11:10	給食の準備の時間となり、他の子は手を洗うため、保育者に呼ばれ洗面所へ行く。保育者は洗面所で一人ひとりに対応していた。	生活の場面の切り替え時は、保育者の目が行き届かない場合が多いですね。ひとりが手洗いを援助している場合、他の保育者の位置や役割を確認し、子どもに対応できる状態をつくっておく必要がありましたね。

11:15	名前を呼ばれていないMちゃんも机の上で積み木を並べてあそんでいる。	手洗いをする子、まだあそんでいる子、給食のために座っている子などがいて、保育者間の連携がとれていないと、目が届かない場面も出てきます。お互いの確認が常に必要です。

11:17	Kくんは手持ちの積み木がなくなり、別の積み木を探す。Mちゃんが使っている積み木を見つけ、ひとつ取ってしまう。	

11:18	Mちゃんは「うー」と声を出し、Kくんを追いかけ、引っぱり、腕にかみつく。保育者は近くにはいたが、他の子の世話をしていて、すぐに手が出せず、「だめよ！」と声を掛けるが、間に合わず腕に歯形が残ってしまった。「Mちゃん、かんじゃだめよ。Kくん痛かったよ」と伝える。 Mちゃんは Kくんの持っている積み木を指差して泣く。	保育者はKくんの行動が視界のなかにあったものの、まさかこのような展開になるとは思っていなかったのでしょう。かみついたMちゃんを注意してKくんが痛かったことを伝えていますが、取られた積み木を指差しているMちゃんは悔しかったのでしょうね。「取られて嫌だったの？」と自分の行為を言葉で意味づけてくれる保育者にMちゃんはほっとするでしょう。子どもの感情を言葉に置き換えることは、この時期とても大切なことです。 また、取られたらどうすればいいかも伝えていきましょう。

P.101 ドキュメンテーション⑫に掲載

ワンダーぐみ 保育ドキュメンテーション

言葉（指差し）

手があらわす言葉の意味

赤ちゃんに見られる手差し、指差しは、話し言葉につながる重要な特徴です。また同じ時期、喃語の発達も盛んで、無意味な発声から、意味を持つ発声になっていきます。この時期には一つひとつの動作や喃語にきめ細かに対応していきます。

手を出す
（6～7か月ごろ）
大人の行動につられて手が出ます。

共同注視
（9か月ごろ）
指差しをされたものを見ようとします。保育者は、しっかりと目を合わせることが大事。

要求の指差し
（11か月ごろ）
欲しいもの、行きたい方向などを指差して要求を表します。

可逆の指差し
（1歳6か月ごろ）
「○○はどれ？」と聞かれたときに、指差しで答えます。言葉を基礎にしたやり取りが成立してきます。

教育と成長の視点

子どもの手差し、指差しに、大人が言葉で丁寧に対応していくことが、子どもの言語への関心を高めていきます。また、掛ける言葉もできるだけ豊かにしていきたいものです。「たーくさん、入ったね」「とっても大きいね」など、形容詞や大きな動作を加えながら表現していくことが、子どもの表情や感性を豊かなものにしていきます。

12 言葉が出るまでに必要な力

1歳ごろのかみつきは、言葉にできない思いの表現であることがほとんどです。言葉が遅いと、ついあせって教え込もうとしがちです。しかし、「言う練習」をするよりも、もっと大切なことがあります。言葉を話す前に必要な力を、保育のなかで育てていきます。

「聴力」

（さまざまな音に気づくこと）

耳から入ってくる音や声が、言葉の学びの源です（電話や飛行機の音などにすばやく気づきます）。

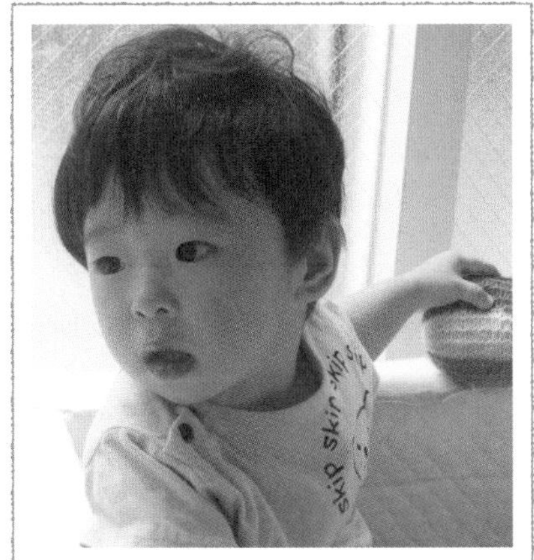

「発声」

（よく声を出すこと）

声が出せ、舌の動きがなめらかだと、発語もスムーズです（あそびながらゴニョゴニョおしゃべりをします）。

「言語理解」

（大人の言うことがよくわかっていること）

理解するための脳の働きが整ってきているあかしです（「パパ、どこ?」と聞くと父親のほうを見ます）。

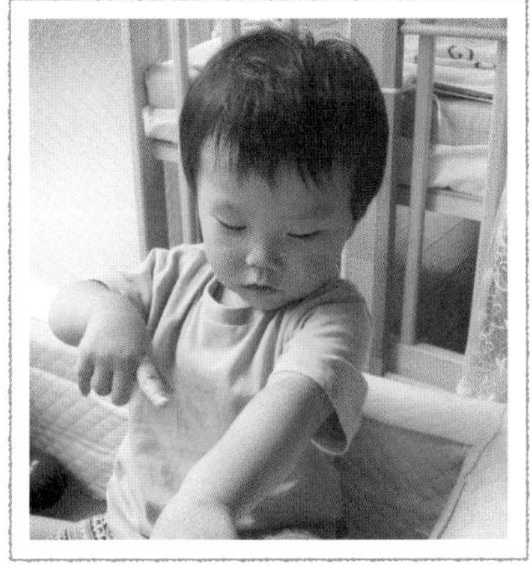

「模倣」

（まねをすること）

他者のまねをしたり、同じものを見る力は、言葉の基礎となります（何か見つけて「アッ、アッ」と指差しながら声を出すなどして教えます）。

教育と成長の視点

体の動きの発達は、「首がすわる→寝返り→お座り→はいはい→つかまり立ち→立つ→歩く」というように順序性があります。「言葉」も体の発達と同じように口の動かし方や、心の動き、考える力など順序を追って、身体の成長とともに発達していきます。また、困ったことや嫌なことがあったときに、泣いて声を出せば大人が来て助けてくれるという安心感があれば、声を出して大人に伝えようとする気持ちが育ちます。これが「話す意欲」のおおもとになるのです。

project 13

安全で安定した午睡

午睡

子どもの健康のために大切な午睡ですが、家庭とは違う環境で昼寝をすることに、多少なりとも不安を感じる子どもがいます。入眠する姿勢や癖など、家庭で寝るときの様子を事前に聞いて、家庭に近い環境をつくりましょう。

部屋の環境

○睡眠中の子どもの様子がわかるよう、部屋を暗くしすぎないようにする。
○室温の調節には十分配慮する。冷暖房を使用する際は効きすぎに注意。
○途中で目覚めた子どものために、静かにあそべるスペースを用意しておく。

ゆったりとした眠りのために

○衣服は首が詰まっていたり、動きがとりにくかったりするものは避け、ゆったりと体を休めることができるものを身につけるようにする。また、厚着にならないように。
○ゆったりした気持ちで入眠できるよう、優しく言葉掛けをしたり、子守歌を口ずさんだり、静かな曲をかけたりして、気持ちが安定するように配慮する。

午睡中の安全確保のために

○5分ごとに子どもの呼吸を鼻の穴に指を当てて確認し、姿勢をチェックリストに記録する。
○敷布団がやわらかすぎて子どもの口をふさぐことのないよう、布団の硬さに配慮すると同時に、掛け布団が顔をおおわないよう常に注意を払う。
○睡眠状態の確認として、午睡時にAIやITを利用したチップを衣服につけたり、心拍の変化を感知するマットなどを補助機器として活用したりするのもよいでしょう。

睡眠中の観察表　　あ（あお向け）　う（うつぶせ）　よ（横向き）

	チェック時間	13:00			13:05			13:10			13:15			13:20			13:25			13:30		
○月○日（△）	項目	あ	う	よ	あ	う	よ	あ	う	よ	あ	う	よ	あ	う	よ	あ	う	よ	あ	う	よ
	Aくん	✓			✓			✓			✓			✓								
	Bくん	✓				✓				✓		✓		✓								

保育ドキュメント

20××年×月×日

午睡
入眠から目覚めまで

乳幼児 9名

保育者 3名

保育の記録 / アドバイス

12:45

保育の記録

午睡前のおむつ交換をするが、数名はすでに眠そうにしていて、ぐずる。「すぐ終わるからね」と声を掛けながら急いで交換。子どもは自分の布団に横になると落ち着いたのか、さわぐことなくゴロゴロしていた。全員が横になったのを確認し部屋のカーテンを閉めた。閉める音を気にして顔を上げる子もいた。静かに閉めるよう配慮すべきだった。リラックスして眠れるよう静かな曲を流す。

アドバイス

目を見て優しく語り掛けながら安心できる雰囲気をつくり、おむつ替えをしていきましょう。絵本の読み聞かせなどを行い、入眠へのリズムをつくるのもいいでしょう。

子どもが寝る前にカーテンを閉めておくなど、午睡の部屋の環境はあらかじめ整えておいたほうがいいですね。

13:00

保育の記録

寝つけず泣いている子がいたので、担当保育者が抱いて部屋を出て落ち着かせる。抱かれたまま寝たので静かに布団におろして寝かせる。添い寝をしてもらいながらすぐに入眠する子もいる。

アドバイス

一人ひとり入眠の仕方はいろいろです。保護者から入眠時の癖を聞いておき、できるだけ同じように対応しましょう。眠れない子は、その子の心地よい体勢（おんぶ、だっこなど）を見つけ、自然に眠りに誘っていきます。

13:45

保育の記録

ひとりの子が突然泣いて起きる。夢でも見たのだろうか。急いでそばに行き「大丈夫よ、よしよし」と声を掛けながら添い寝し、トントンしたことで落ち着き再度眠りに入る。他の子が起きなかったのでほっとした。

アドバイス

布団が顔にかかっていないか、子どもの足が他の子にぶつからないか注意します。うつぶせになってしまったときは、あお向けに戻します。0歳児においては、乳幼児突然死症候群（SIDS）防止のため、5分ごとに呼吸・顔色・体位のチェックをしていきます。

14:45

保育の記録

起きる時間になり、ひとりずつ静かに声を掛け、そっとさわって起こす。また、しっかり覚醒しているかも確認していく。寝起きが悪く泣いている子もいるが、「いっぱい寝たね」と声を掛けながら安定させ、目覚めに導いていった。

アドバイス

声を掛けながら、顔色が悪くないか、熱はないか、表情や機嫌が眠る前と違わないかなど、一人ひとりの様子をしっかり確認していきましょう。しっかりと目覚めているか、声を掛けながら確認するのは大切なことです。

P.106 ドキュメンテーション⑬に掲載

不安ななかでの安全確保

集団生活を初めて経験する子どもが多い乳児クラスでは、日常の生活のなかで、緊急事態の対応を少しずつ学んでいきましょう。

避難訓練

避難訓練の意味

最初は保育者の指示で動きを知ることから始まるが、各種の訓練をくり返し行うことで、小さいながらも「危険に気づく」「自分の身を守る」ということを体感し体得していく。月齢に合わせた言葉掛けをし、安全への意識をつちかう。

避難訓練の手順

1 子どもの数が多いクラスは、あらかじめそれぞれの保育者が誘導する子どもを決めておく。月齢や子どもの性質に合わせて担当者を決めておくことが、迅速な避難につながる。

2 非常ベルが鳴ったら、防災頭巾をかぶせる。

3 部屋の中央に集まり、園外避難に備えて避難口に並ぶ。

4 状況に応じて屋外に避難する。

注意!

＊定期的に避難車（散歩カー）を安全点検し、歩行できない子への対応を日ごろから考える。
＊保育室の棚を固定し、棚の上に落ちそうなものがないか、確認する。
＊災害時には、電化製品のプラグを抜いたり、ガスの元栓を閉めたりして、二次災害のないようにする。
＊年度の初めは、避難訓練の回数を増やし、園内の体制を確立する。
＊避難訓練計画などから緊急時の対応の具体的内容及び手順、職員の役割分担を明確にする。

保育ドキュメント　20××年×月×日

朝のおやつ中の避難訓練

乳幼児　15名
保育者　5名

	保育の記録	アドバイス
9:30	おやつを食べようとしたとき、突然けたたましい非常ベルの音が鳴り響く。子どもたちは驚き不安な表情を見せ、なかには泣き出す子もいる。地震発生の放送確認後、近くにいる子どもに声を掛けて集合を促す。	泣いてしまう子もいますが、保育者が落ち着いて行動し、おだやかな表情で次の行動を伝えることで、子どもの気持ちをやわらげる必要があります。避難訓練計画などのマニュアルを事前に確認し、職員の役割分担や手順に従って行動しましょう。

9:33	サブリーダーの保育者は防災頭巾を棚から取り出して他の保育者に手渡し、子どもたちにつけさせる。	防災頭巾を身につけるときには、「一緒にいるから大丈夫だよ」などと適宜言葉を添えながら、不安な気持ちに寄り添い対応していきましょう。そして、訓練であっても、実際の災害と同様に緊張感をもって行動するように促しましょう。

9:40	園外避難の指示に従い、避難車に乗り避難場所に移動する。子どもたちは不安な様子ながらも緊迫した雰囲気を察知し、神妙な面持ちで保育者とともに安全な場所を求めて玄関前に避難する。	避難場所への移動中は、子どもの様子・人数を随時確認しながら、安全への意識が芽生えるように、「危なくない場所に移るよ」などと声を掛けましょう。

9:50	非常事態解除の放送を聞いて園内に戻り、状況説明を聞く。おしゃべりしないで避難できたことをほめられ、子どもたちの顔に笑みが戻る。	「非常ベル＝緊急事態＝先生が自分を守ってくれる（安心感）」という図式が子どもたちに浸透するように、訓練をくり返していきましょう。

→ P.107　ドキュメンテーション⑭に掲載

ワンダーぐみ 保育ドキュメンテーション 午睡

13 0・1歳児の午睡

園では、お友だちと一緒に眠るお昼寝の時間をとっています。一人ひとり入眠のしかたが違うので、個々のいちばん心地よい状態をつくりながら、絵本を読んだり優しく語り掛けたりし、みんなでいることの安心感も穏やかな入眠への手助けとなるようにしています。

入眠前のおむつ交換

目を合わせ優しく語り掛け、安心できる雰囲気をつくっていきます。

入眠前のお話とあいさつ

好きなお話を読んでもらい、「おやすみなさい」のあいさつをします。保育者の子守歌や静かな音楽を聞いたりして、心地よく眠りに入ります。子どもの布団はできるだけいつも同じ位置に敷いて、気持ちの安定をはかります。

入眠のしかたはいろいろ

子どもの入眠のしかたはいろいろです。添い寝やだっこ、おんぶの子もいます。保育者はその子にとっていちばんいい方法で眠りに誘います。

睡眠中の注意

月齢や個々の好みで「あおむけ寝」や「うつぶせ寝」をします。0歳児においては乳幼児突然死症候群（SIDS）や窒息死の防止のため、5分ごとに呼吸や顔色、体位などをチェックし記録しています。

教育と成長の視点

眠るという行為は、そこにいる人や場所に安心して初めてできることです。つまり愛着関係や信頼関係を家族以外にも持つことができて初めて可能なのです。だから入園してすぐは、泣いて眠れなくても当然です。眠れないのが自然なことなのです。少しずつ周りに慣れて安心し、睡眠のリズムが整ってくると、眠れるようになってきます。園では、一人ひとりのペースに合わせ、生活リズムの基本である睡眠のリズムを整えていけるよう配慮しています。

14 安全の意識を育てる

1歳を過ぎるころから大脳の複数の分野が活発に働くようになり、普段何度も聞いている言葉の意味を理解する力が急速に発達してきます。地震災害時の行動や、道路横断のルールなど、園ではくり返し行動や言葉で伝えるようにしています。

避難訓練が終わって、保育室へ戻ると、必ず子どもと向き合い、状況を言葉で伝えます。幼いながらも少しずつ知識を増やしていけるよう心掛けています。

防災頭巾をかぶります。

地震で揺れが大きいときは、机やテーブルの下に身を隠します。

小さい子は背中におぶい、状況に応じて屋外へ避難します。非常持ち出し袋を持参しています。

教育と成長の視点

月齢が高くなると、避難訓練のあとに「あぶなかったね」「こわかったね」などと気持ちを伝える子どももいます。危険回避や安全確保のための知識を蓄えると共に心が安定する状態を確保し、保育者との信頼関係を築いていくことも必要です。緊急時にはまず大人が子どもの不安を受け止めることが重要です。また、訓練による避難の習慣づけも大切です。普段、家庭内においても避難・待機できる場所や、公園や学校などの公共避難場所を確認しておきましょう。

個別指導計画の見方・書き方

110ページから、１年度分（４月～３月）の個別指導計画例を、月齢が異なる２名の子どもについて、それぞれ掲載しています。左ページが４月に２か月児の男児、右ページが４月に９か月児の女児です。記入形式もそれぞれ変えていますので、使いやすいほうを使用または参考にしてください。

左ページ　男児　2か月（4月）～1歳1か月（3月）

1 クラスのねらい
〈クラス全体として計画〉保育課程および年間指導計画により、子どもたちにふさわしい発達と生活に合ったねらいをふたつ程度立てる。

2 クラスの内容
〈クラス全体として計画〉「ねらい」を達成するため、より具体的な内容を書く。

3 配慮事項
〈クラス全体として計画〉「内容」に対して配慮することを記載する。

4 家庭支援
子どもの発達および健康状態、離乳食をふくめ、季節も考慮しながら、家庭に伝えたいことを記入する。

5 行事
１か月の園の行事の内容を記載する。

※①クラスのねらいは、年間指導計画の「３つの視点」（満１歳未満）、「５領域」（満１歳以上）をもとに記載します。

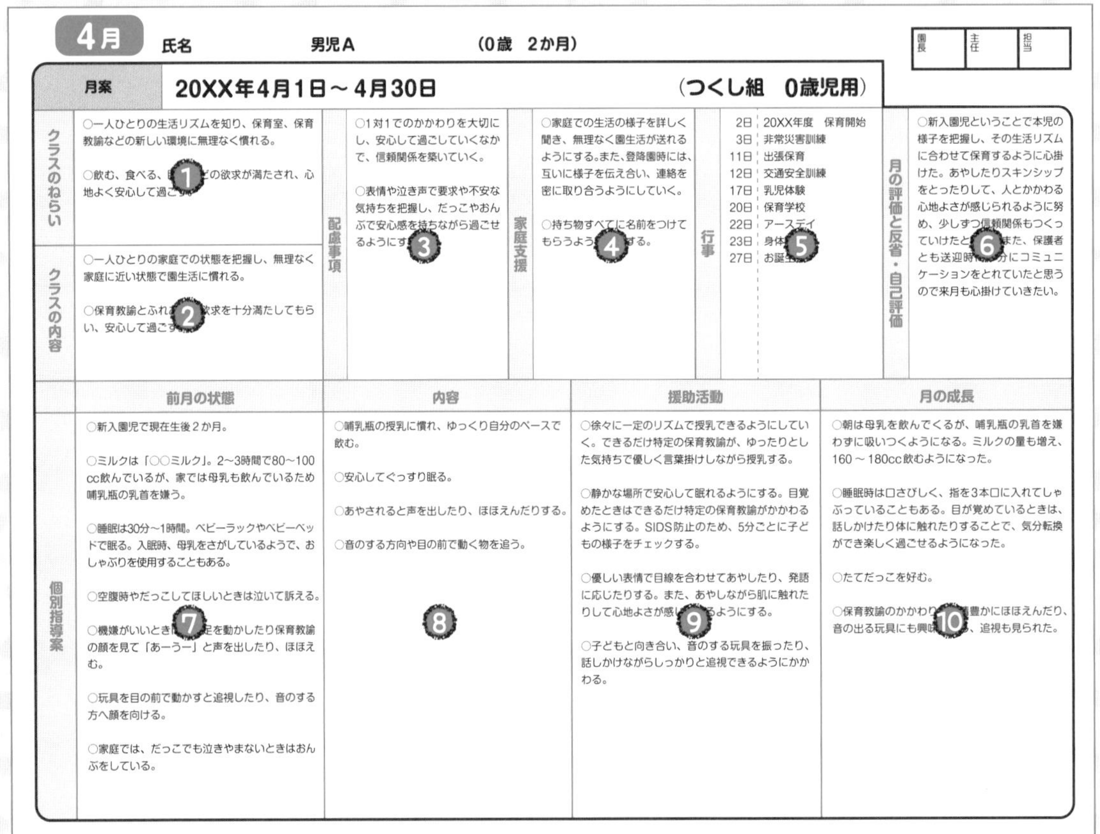

4月　氏名　男児Ａ　（0歳　2か月）

園長	主任	担当

月案	20XX年4月1日～4月30日	（つくし組　0歳児用）

クラスのねらい	クラスの内容	配慮事項	家庭支援	行事	月の評価と反省・自己評価
○一人ひとりの生活リズムを知り、保育室、保育教諭などの新しい環境に無理なく慣れる。 ○飲む、食べる、〔1〕どの欲求が満たされ、心地よく安心して過ご〔1〕	○一人ひとりの家庭での状態を把握し、無理なく家庭に近い状態で園生活に慣れる。 ○保育教諭とふれ〔2〕欲求を十分満たしてもらい、安心して過ごす〔2〕	○1対1でのかかわりを大切にし、安心して過ごしていくなかで、信頼関係を築いていく。 ○表情や泣き声で要求や不安な気持ちを把握し、だっこやおんぶで安心感を持ちながら過ごせるようにす〔3〕	○家庭での生活の様子を詳しく聞き、無理なく園生活が送れるようにする。また、登降園時には、互いに様子を伝え合い、連絡を密に取り合うようにしていく。 ○持ち物すべてに名前をつけてもらうよう〔4〕する。	2日　20XX年度　保育開始 3日　非常災害訓練 11日　出張保育 12日　交通安全訓練 17日　乳児体験 20日　保育学校 22日　アースデイ 23日　身体〔5〕 27日　お誕生〔5〕	○新入園児ということで本児の様子を把握し、その生活リズムに合わせて保育するように心掛けた。あやしたりスキンシップをとったりして、人とかかわる心地よさが感じられるように努め、少しずつ信頼関係もつくっていけたと〔6〕また、保護者とも送迎時〔6〕分にコミュニケーションをとれていたと思うので来月も心掛けていきたい。

個別指導案

前月の状態	内容	援助活動	月の成長
○新入園児で現在生後２か月。 ○ミルクは「○○ミルク」。2～3時間で80～100cc飲んでいるが、家では母乳も飲んでいるため哺乳瓶の乳首を嫌う。 ○睡眠は30分～1時間。ベビーラックやベビーベッドで眠る。入眠時、母乳をさがしているようで、おしゃぶりを使用することもある。 ○空腹時やだっこしてほしいときは泣いて訴える。 ○機嫌がいいとき〔7〕足を動かしたり保育教諭の顔を見て「あーうー」と声を出したり、ほほえむ。 ○玩具を目の前で動かすと追視したり、音のする方へ顔を向ける。 ○家庭では、だっこでも泣きやまないときはおんぶをしている。	○哺乳瓶の授乳に慣れ、ゆっくり自分のペースで飲む。 ○安心してぐっすり眠る。 ○あやされると声を出したり、ほほえんだりする。 ○音のする方向や目の前で動く物を追う。 〔8〕	○徐々に一定のリズムで授乳できるようにしていく。できるだけ特定の保育教諭が、ゆったりとした気持ちで優しく言葉掛けしながら授乳する。 ○静かな場所で安心して眠れるようにする。目覚めたときはできるだけ特定の保育教諭がかかわるようにする。SIDS防止のため、5分ごとに子どもの様子をチェックする。 ○優しい表情で目線を合わせてあやしたり、発語に応じたりする。また、あやしながら肌に触れたりして心地よさが感じ〔9〕るようにする。 ○子どもと向き合い、音のする玩具を振ったり、話しかけながらしっかりと追視できるようにかかわる。	○朝は母乳を飲んでくるが、哺乳瓶の乳首を嫌わずに吸いつくようになる。ミルクの量も増え、160～180cc飲むようになった。 ○睡眠時は口さびしく、指を3本口に入れてしゃぶっていることもある。目が覚めているときは、話しかけたり体に触れたりすることで、気分転換ができ楽しく過ごせるようになった。 ○たてだっこを好む。 ○保育教諭のかかわり〔10〕豊かにほほえんだり、音の出る玩具にも興味〔10〕、追視も見られた。

6 自己評価
その月の「援助活動」が、月の「ねらい」を達成できていたか、保育実践の振り返りをする。そして、翌月の保育へとつなげていく。

7 前月の状態
一人ひとり前月の姿を記載する。入園月は、保護者から細かく子どもの発育状態を聞いて書く。

8 内容
「前月の状態」をもとに、予想される子どもの発達の姿を記載する。
※産休明け57日目からの子どもの発達をよくとらえておく。

9 援助活動
○発達の連続性を意識し、一人ひとりの子どもに配慮した援助内容となるようにする。
○全身運動、微細運動、情緒面など、一人ひとり違うので、その子に合った適切な養護と教育の一体的な援助内容を書く。

10 月の成長
○「内容」に対しての成長およびその月の子どもの姿を記載する。
○さらに細かい内容は、個人のケース記録に記入する。

※指導計画の作成は、『平成30年度施行　新要領・指針サポートブック』（世界文化社刊）もあわせてご参照ください。

●3つの視点による記載例

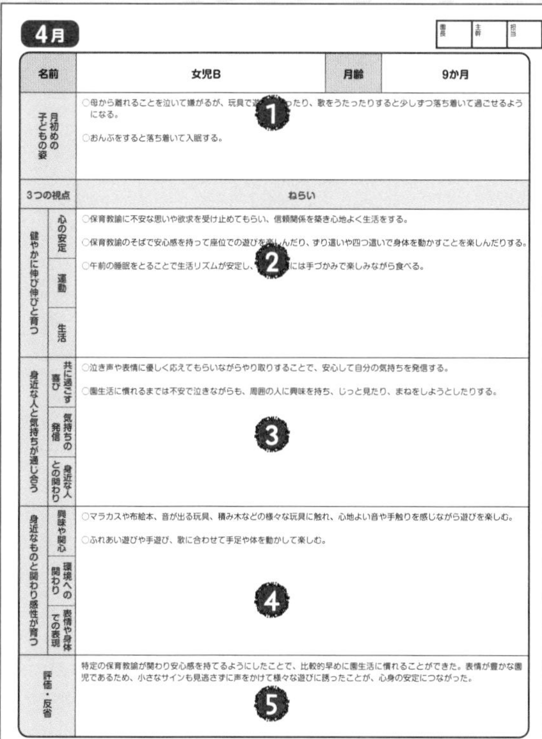

4月

園長	主幹	担当

名前	女児B	月齢	9か月
月初めの子どもの姿	○母から離れることを泣いて嫌がるが、玩具で遊[illegible]ったり、歌をうたったりすると少しずつ落ち着いて過ごせるようになる。 ○おんぶをすると落ち着いて入眠する。		

3つの視点		ねらい
健やかに伸び伸びと育つ	心の安定	○保育教諭に不安な思いや欲求を受け止めてもらい、信頼関係を築き心地よく生活をする。 ○保育教諭のそばで安心感を持って座位での遊びを楽しんだり、ずり這いや四つ這いで身体を動かすことを楽しんだりする。 ○午前の睡眠をとることで生活リズムが安定し、[illegible]には手づかみで楽しみながら食べる。
	運動	
	生活	
身近な人と気持ちが通じ合う	共に過ごす喜び	○泣き声や表情に優しく応えてもらいながらやり取りすることで、安心して自分の気持ちを発信する。 ○園生活に慣れるまでは不安で泣きながらも、周囲の人に興味を持ち、じっと見たり、まねをしようとしたりする。
	気持ちの発信	
	身近な人との関わり	
身近なものと関わり感性が育つ	興味や関心	○マラカスや布絵本、音が出る玩具、積み木などの様々な玩具に触れ、心地よい音や手触りを感じながら遊びを楽しむ。 ○ふれあい遊びや手遊び、歌に合わせて手足や体を動かして楽しむ。
	環境への関わり	
	表情や身体での表現	
評価・反省		特定の保育教諭が関わり安心感を持てるようにしたことで、比較的早めに園生活に慣れることができた。表情が豊かな園児であるため、小さなサインも見逃さずに声をかけて様々な遊びに誘ったことが、心身の安定につながった。

●5領域による記載例

7月

園長	主幹	担当

名前	女児B	月齢	1歳
前月末の子どもの姿	○保育教諭や友達に興味を持ち、後を追いかけて[illegible]いる。 ○喃語や片言で思いを伝えようとし、伝わると満足した様子で遊んでいる。 ○気に入った玩具があると一人で楽しむことが増えてきた。		

5領域	ねらい
健康	○押し車や箱を押すことや、2〜3段の階段を高[illegible]イハイで上り下りすることを楽しむ。 ○便座に座ることに慣れ、決まった時間に喜んで座る。 ○楽しみながら手洗いを行い、心地よさを感じる。
人間関係	○友達のそばで同じ遊びをする楽しさや心地よさ[illegible]。 ○保育教諭と一緒にままごとなどの日常を再現す[illegible]遊びを楽しむ。
環境	○身の回りの物や仕掛けがある玩具に興味を示し、仕組みに気づいて遊びを楽しむ。 ○雨や風などの自然の音に気づき、保育教諭と一[illegible]む。
言葉	○保育教諭に自分から進んで身振りや片言、一語文で思いを伝えようとする。 ○言葉の音やリズムの響きを楽しみながら、繰り返[illegible]ある絵本を喜んで見る。
表現	○保育教諭と一緒にリズムに合わせて身体を動かす楽しさを味わう。 ○クレヨンやタンポを使ったなぐり描きを思う存分楽しむ。
評価・反省	発する言葉や音数が増えてきたため、遊びの中で「どうぞ」「ありがとう」などのやり取りを取り入れるようにしたところ、保育教諭との関わりを楽しみながらいろいろな遊びに興味を向け、積極的に歩行も楽しむようになってきた。

1 月初めの子どもの姿

月初めの子どもの姿を書く。特に目立って変化があった点や大きく成長が見られた点などを記入する。これを踏まえて当月の指導計画を立てていく。

2・3・4 3つの視点

「健やかに伸び伸びと育つ」「身近な人と気持ちが通じ合う」「身近なものと関わり感性が育つ」の3つの視点から、望まれる姿を記入。この記載例では3つの視点そのものも分けたり、3つの視点を更にわかりやすく分けているが、分け方はその園それぞれの視点でよい。満1歳に近づいたら、3つの視点が次の5領域にどうつながっていくのかを考えながら書くことが望まれる。

5 評価・反省

指導計画をもとに行った教育・保育によってどのような成長が見られたか、またどのような点の改善が必要か、そのために今後どのような教育・保育が必要かなどを記入する。

6 前月末の子どもの姿

前月末の時点で特に目立って変化があった点や大きく成長が見られた点などを記入する。これを踏まえて当月の指導計画を立案する。

7・8・9・10・11 5領域

「健康」「人間関係」「環境」「言葉」「表現」の5領域について、それぞれの望まれる姿を記入する。記載例では5領域に分けているが、あえて分けなくてもかまわないと考える。むしろ大まかに、満1歳になるとそれまでの「健やかに伸び伸びと育つ」が「健康」に、「身近な人と気持ちが通じ合う」が「人間関係」「言葉」に、「身近なものと関わり感性が育つ」が「環境」「表現」にと、3つの視点から5領域につながっていくことを理解しながら書き込むことが大切である。

※本書の指導計画は認定こども園での一例です。

4月　氏名　男児A　（0歳　2か月）

園長	主任	担当

月案　20XX年4月1日～4月30日　（つくし組　0歳児用）

クラスのねらい

○一人ひとりの生活リズムを知り、保育室、保育教諭などの新しい環境に無理なく慣れる。

○飲む、食べる、眠るなどの欲求が満たされ、心地よく安心して過ごす。

クラスの内容

○一人ひとりの家庭での状態を把握し、無理なく家庭に近い状態で園生活に慣れる。

○保育教諭とふれあい、欲求を十分満たしてもらい、安心して過ごす。

配慮事項

○1対1でのかかわりを大切にし、安心して過ごしていくなかで、信頼関係を築いていく。

○表情や泣き声で要求や不安な気持ちを把握し、だっこやおんぶで安心感を持ちながら過ごせるようにする。

家庭支援

○家庭での生活の様子を詳しく聞き、無理なく園生活が送れるようにする。また、登降園時には、互いに様子を伝え合い、連絡を密に取り合うようにしていく。

○持ち物すべてに名前をつけてもらうようお願いする。

行事

日	行事
2日	20XX年度　保育開始
3日	非常災害訓練
11日	出張保育
12日	交通安全訓練
17日	乳児体験
20日	保育学校
22日	アースデイ
23日	身体測定
27日	お誕生会

月の評価と反省・自己評価

○新入園児ということで本児の様子を把握し、その生活リズムに合わせて保育するように心掛けた。あやしたりスキンシップをとったりして、人とかかわる心地よさが感じられるように努め、少しずつ信頼関係もつくっていけたと思う。また、保護者とも送迎時に十分にコミュニケーションをとれていたと思うので来月も心掛けていきたい。

個別指導案

前月の状態	内容	援助活動	月の成長
○新入園児で現在生後2か月。 ○ミルクは「○○ミルク」。2~3時間で80~100cc飲んでいるが、家では母乳も飲んでいるため哺乳瓶の乳首を嫌う。 ○睡眠は30分~1時間。ベビーラックやベビーベッドで眠る。入眠時、母乳をさがしているようで、おしゃぶりを使用することもある。 ○空腹時やだっこしてほしいときは泣いて訴える。 ○機嫌がいいときは、手足を動かしたり保育教諭の顔を見て「あーうー」と声を出したり、ほほえむ。 ○玩具を目の前で動かすと追視したり、音のする方へ顔を向ける。 ○家庭では、だっこでも泣きやまないときはおんぶをしている。	○哺乳瓶の授乳に慣れ、ゆっくり自分のペースで飲む。 ○安心してぐっすり眠る。 ○あやされると声を出したり、ほほえんだりする。 ○音のする方向や目の前で動く物を追う。	○徐々に一定のリズムで授乳できるようにしていく。できるだけ特定の保育教諭が、ゆったりとした気持ちで優しく言葉掛けしながら授乳する。 ○静かな場所で安心して眠れるようにする。目覚めたときはできるだけ特定の保育教諭がかかわるようにする。SIDS防止のため、5分ごとに子どもの様子をチェックする。 ○優しい表情で目線を合わせてあやしたり、発語に応じたりする。また、あやしながら肌に触れたりして心地よさが感じられるようにする。 ○子どもと向き合い、音のする玩具を振ったり、話しかけながらしっかりと追視できるようにかかわる。	○朝は母乳を飲んでくるが、哺乳瓶の乳首を嫌わずに吸いつくようになる。ミルクの量も増え、160～180cc飲むようになった。 ○睡眠時は口さびしく、指を3本口に入れてしゃぶっていることもある。目が覚めているときは、話しかけたり体に触れたりすることで、気分転換ができ楽しく過ごせるようになった。 ○たてだっこを好む。 ○保育教諭のかかわりに表情豊かにほほえんだり、音の出る玩具にも興味を示し、追視も見られた。

4月

園長	主幹	担当

名前		女児B	月齢 9か月
月初めの子どもの姿		○母から離れることを泣いて嫌がるが、玩具で遊びに誘ったり、歌をうたったりすると少しずつ落ち着いて過ごせるようになる。 ○おんぶをすると落ち着いて入眠する。	
3つの視点		ねらい	
健やかに伸び伸びと育つ	心の安定 運動 生活	○保育教諭に不安な思いや欲求を受け止めてもらい、信頼関係を築き心地よく生活をする。 ○保育教諭のそばで安心感を持って座位での遊びを楽しんだり、ずり這いや四つ這いで身体を動かすことを楽しんだりする。 ○午前の睡眠をとることで生活リズムが安定し、食事の際には手づかみで楽しみながら食べる。	
身近な人と気持ちが通じ合う	共に過ごす喜び 気持ちの発信 身近な人との関わり	○泣き声や表情に優しく応えてもらいながらやり取りすることで、安心して自分の気持ちを発信する。 ○園生活に慣れるまでは不安で泣きながらも、周囲の人に興味を持ち、じっと見たり、まねをしようとしたりする。	
身近なものと関わり感性が育つ	興味や関心 環境への関わり 表情や身体での表現	○マラカスや布絵本、音が出る玩具、積み木などの様々な玩具に触れ、心地よい音や手触りを感じながら遊びを楽しむ。 ○ふれあい遊びや手遊び、歌に合わせて手足や体を動かして楽しむ。	
評価・反省		特定の保育教諭が関わり安心感を持てるようにしたことで、比較的早めに園生活に慣れることができた。表情が豊かな園児であるため、小さなサインも見逃さずに声をかけて様々な遊びに誘ったことが、心身の安定につながった。	

5月

氏名　男児A　（0歳　3か月）

園長	主任	担当

月案　20XX年5月1日～5月31日　（つくし組　0歳児用）

クラスのねらい	○園生活に慣れて、一人ひとりの生活リズムが安定し、機嫌よく過ごす。 ○春の自然に触れながら、外気浴や散歩を楽しむ。	配慮事項	○1対1のかかわりを大切にし、コミュニケーションを十分にとり、心の安定感が持てるようにする。 ○戸外に出かけるときは、帽子をかぶり、なるべく直射日光を避けるように工夫する。 ○連休明けは生活リズムが乱れやすいので、保護者から様子を聞き、園での様子も伝えていく。 ○窓を開け空気の入れ換えをし、心地よく過ごせるようにする。
クラスの内容	○一人ひとりの生活リズムとサイン（生理的欲求）の出し方を知り、適切に対応し、快い状態で安定した一日を過ごせるようにする。 ○天候がよく、暖かい日は、テラスに出て外気浴をしたり、戸外に出て、自然に触れることができるようにする。		

家庭支援	行事	月の評価と反省・自己評価
○子どもたちが園生活に慣れ、楽しくあそんでいる姿を送迎時に伝え、園での様子を知ってもらえるようにする。 ○気温に応じて、調節ができるような衣服の準備をしてもらうようにする。 ○連休や休日も子どもに無理のない生活リズムで過ごしてもらうとともに、休息を十分にとってもらうよう伝える。	2日 お花見弁当・災害訓練 15日 乳児体験 22日 歯科検診 23日 身体測定 26日 子育て相談日 31日 お誕生会	○生活リズムが安定してきたが、その日によって、ミルクの飲み、睡眠の時間にムラがあったりするので、その日その日に合ったかかわりをするようにしている。延長保育を利用しているので、保護者と会えるときに、しっかり様子を伝え合うようにしている。

個別指導案

前月の状態	内容	援助活動	月の成長
○朝は母乳だが、園での授乳のときは、哺乳瓶の乳首を嫌わず160～180cc飲む。排気を十分にさせ、排気をしたあとでも目を離さないようにした。 ○睡眠時は、指を3本口に入れていることもある。 ○目覚めているとき、指しゃぶりをしているので、体に触れたりして気分転換できるようにし、楽しく過ごせるようにした。 ○たてだっこを好む。 ○しっかりと保育教諭の目を見ていて、言葉掛けをすると笑顔になり、「あーうー」とお話する。 ○音の出る玩具を動かすと目で追っている。 ○母親の勤務状態で、延長保育を利用している。	○授乳の間隔が安定し、一定量飲めるようになる。 ○睡眠のリズムが少しずつ安定し、睡眠時間が長くなる。 ○おなかがすいた、おむつが汚れたなどの不快を感じると、泣いて訴える。 ○腹ばいの姿勢を少しずつ経験する。 ○腹ばいで過ごす時間を多く持つ。 ○テラスに出て、外気浴をする。	○目覚めているときに、赤ちゃんマッサージやふれあいあそびなどをして、おなかがすきミルクを一定量飲むことができるリズムをつくっていく。 ○静かな環境のなか、だっこや子守歌で安心できるようにし、眠りを見守る。 ○おむつ交換を嫌がり泣くことが多いので、優しく言葉を掛けるなど、気持ちを落ち着かせる工夫をしていく。 ○機嫌や体調のいいときに、腹ばいの姿勢をとってみるなど、様子を見ながら少しずつ慣れていけるようにする。嫌がる場合は、無理をしないようにする。腹ばいをしているときは必ず保育者がそばで見守り、声を掛けたり、前方に玩具を置いたりして顔を上げられるようにする。 ○体調のいいときに、保育教諭にだっこされテラスに行き、心地よい春の風を感じられるようにする。	○3時間半～4時間ごとに180～200cc飲めるようになり、排気も上手に出す。飲んでいるときはほほえみ、保育教諭をじっと見ている。 ○ミルクをたっぷり飲めるようにもなり、おなかも満たされることで、睡眠時間も2時間たっぷり眠れるようになってきた。 ○ミルクの時間が近づいてくるとおなかがすいたと泣いて知らせる。機嫌がよかったと思うと急に泣きだしおむつを開けてみると排便があることがあり、気持ち悪いことを知らせている。 ○機嫌がいいときに腹ばいにしてあげる。両ひじで体を支えてしっかり顔を持ち上げている。保育教諭も同じ目線になり、名前を呼ぶと目を合わせている。 ○だっこでテラスへ行き、外気浴をする。1対1ということもあり安心している様子。

5月

園長	主幹	担当

名前	女児B	月齢	10か月

前月末の子どもの姿		○保育教諭に手を取ってもらいながら歩くことを喜んでいる。 ○食事を楽しみ、好き嫌いなく完食している。 ○大きな声を発し、喃語で欲求を伝えようとしている。
3つの視点		ねらい
健やかに伸び伸びと育つ	心の安定 運動 生活	○受容的・応答的な関わりの中で、多様な感情を受け止めてもらい、保育教諭と信頼関係を築いていく。 ○食事、睡眠、遊びなどのリズムが徐々に整い、安定した園生活を送る。 ○つかまり立ちや伝い歩きをしながら興味を持った玩具遊びを楽しんだり、マットの山やトンネルなどを乗り越えたりくぐったりすることを楽しむ。
身近な人と気持ちが通じ合う	共に過ごす喜び 気持ちの発信 身近な人との関わり	○体の動きや表情、喃語を優しく受け止めてもらい、保育教諭とのやり取りを心地よく感じる。 ○保育教諭や友達への関心を持ち、だっこを求めたり、そばに近づいたり追いかけたりして親しみの気持ちを表す。
身近なものと関わり感性が育つ	興味や関心 環境への関わり 表情や身体での表現	○戸外に出かけ自然の香りや風などを感じたり、生活や遊びの中で様々な音、手触りなどに気づき、保育教諭と一緒に味わったりする。 ○身の回りのものや玩具をつかんだり落としたり、たたき合わせたりして指先を使って楽しみながら遊ぶ。
評価・反省		身体を動かす遊びをたくさん取り入れたことで睡眠、食事のリズムが整い、安定した園生活を送ることができるようになった。また、本児の発達に合った指先を使った遊びを取り入れたことで、保育教諭と一緒に楽しむことができた。

6月　氏名　男児A　（0歳　4か月）

園長	主任	担当

月案　20XX年6月1日～6月30日　（つくし組　0歳児用）

クラスのねらい

○着替えをし、体を清潔にしてもらい、梅雨期を健康で気持ちよく過ごす。

○ゆったりとした環境のなかで保育教諭とふれあいやあそびを楽しむ。

クラスの内容

○気温差が大きく蒸し暑くなるので、温度・湿度に留意し、快適に過ごせるように体を清潔にしたり衣服や寝具の調節をしていく。

○表情や声、しぐさなどから子どもの気持ちや要求を読み取り、保育教諭との信頼関係を築きながら安心して生活できるようにする。

配慮事項

○梅雨期に入るので、保育室や玩具の消毒はこまめに行い、衛生面に気をつける。

○蒸し暑く疲れやすいので、水分補給を十分に行う。

○室内でのあそびが多くなるので、発達に合わせた動きやあそびが楽しめるように安全な環境を工夫する。

家庭支援

○気温差が大きいので健康状態について家庭と連絡を密にし、調節しやすい衣服を多めに用意してもらう。

○蒸し暑くなってくるので、あせもやおむつかぶれ、虫刺され、とびひなどに気をつけ、気づいたら早めに知らせ対処してもらう。

○園での様子を伝え、会話を通して信頼関係を築いていく。

○4か月健診での様子を保護者から聞き、情報を交換する。

行事

日	行事
5日	非常災害訓練
7日	内科健診
14日	交通安全訓練
23日	親子遠足（○○公園）
25日	身体測定
29日	お誕生会

月の評価と反省・自己評価

○梅雨の時期でじめじめする日も多く、体もべたつき不快を感じているようで、機嫌が悪いこともあった。体を拭いてあげたり、水分補給をしたり、除湿をしたりして、快適に過ごせるようにした。

○保育教諭とのふれあいを喜んでいるので、要求をしっかりキャッチしてかかわり、満足できるようにした。

個別指導案

前月の状態	内容	援助活動	月の成長
○授乳時間が一定になってくる。 ○睡眠は3～4回寝。時間にむらがある。 ○おしっこやうんちが出ると、泣いて不快を知らせる。 ○だっこをしていると機嫌がいいが、布団やベビーラックにおろすと泣き、だっこを求める。 ○手を開いたり握ったりし、玩具（歯がため）を持つ。 ○腹ばいにすると、両ひじで体を支え、顔を持ち上げている。 ○ベビーラックに座った状態で、周りを見て人の動きを目で追視し、胸の前で手を組んでいる。 ○だっこでテラスに出て外気浴をし、気持ちよさそうにしている。	○ミルクを哺乳瓶でゆっくり飲む。 ○睡眠のリズムが安定してくる。 ○保育教諭にあやしてもらうことを喜び、声を出したり、活発に手足を動かしたりする。 ○玩具を手に持ち、なめたり握ったりする。 ○絵本に触れる機会をつくる。	○ミルクの時間、量が一定になってきているので、このままリズムが定まっていくようにする。子どもの口の動き、表情を見ながら、目と目を合わせて優しく言葉掛けをし、ゆっくりと授乳していく。 ○ぐっすり眠れる環境をつくる。気持ちよく目覚めるように優しく声を掛け、眠っている時間と起きている時間の切り替えができるようにする。 ○子どものほほえみや発声に応え、表情豊かにあやしたり、話しかけたりしてかかわりを多く持っていく。くすぐったりあやしたりしてふれあいながら、発語を引き出すようにする。 ○握りやすい玩具や、手が届くプレイジムなどを用意し、自分で取る、握る、振るなどの動きができるように促していく。 ○聞き慣れた保育教諭の声で絵本を読んでもらうことで安心できるようにする。	○ミルクを約4時間おきに180～200ccしっかり飲めるようになる。保育教諭にだっこされて目を合わせながら、ゆったりとした環境のなかで飲んでいる。他の子どもが食事をしているのを見ていると、よだれが出たり口を動かしたりしている。 ○睡眠は朝寝が30分～1時間。昼寝が2時間ぐらい眠り、夕方も眠っている。ひとりで自然に入眠していることがある。目覚めはいい。 ○1対1のだっこや赤ちゃんマッサージを喜び、笑顔を見せてくれる。保育教諭がそばにいることがわかり、離れるとフンフン声を出している。機嫌がよく、保育教諭に声を掛けてもらうと、手足をばたつかせている。 ○手を伸ばそうとする動きをもっと経験できるようにしたい。 ○他の子に絵本を読んでいる保育教諭の声を耳で聞き、安心している。

6月

園長	主幹	担当

名前	女児B	月齢	11か月

前月末の子どもの姿		○つかまり立ちから数歩、歩き出している。 ○特定の保育教諭に親しみを持ち、だっこを強く求めている。 ○ポットン落としや型落としなど、指先を使った遊びを楽しんでいる。
3つの視点		ねらい
健やかに伸び伸びと育つ	心の安定 運動 生活	○安心できる環境の下、保育教諭に向かって歩き出し、受け止めてもらうことで満足感を得る。 ○スプーンへの興味を持ちながらも、手づかみでしっかり噛んで食事を味わう。 ○保育教諭と一緒にトイレに行き、場所に慣れる。
身近な人と気持ちが通じ合う	共に過ごす喜び 気持ちの発信 身近な人との関わり	○保育教諭との関わりを喜び、指差しや喃語、片言で思いや欲求を知らせようとする。 ○保育教諭との応答的な関わりを喜び、進んで関わりを持とうとしたり、友達や保育教諭がしていることをまねして楽しむ。
身近なものと関わり感性が育つ	興味や関心 環境への関わり 表情や身体での表現	○身の回りの物に興味を持ち、見たり触れたりするなど自ら関わろうとしたり、体を動かしながら探索活動を満足いくまで楽しんだりする。 ○出し入れしたり、くっつけたり、引っぱったりなどし、指先を使った遊びを楽しむ。
評価・反省		生理的欲求を訴えたり、保育教諭と関わりを持とうとする姿が多く見られ、それに対してしっかりと受け止め欲求を満たすことで心身ともに安定的に過ごすことができた。また、欲求を喃語や片言で伝えられるようになり、そこに丁寧に応えることでやり取りの楽しさを味わわせることができた。

7月 氏名 男児A （0歳 5か月）

園長	主任	担当

月案 20XX年7月1日～7月31日 （つくし組 0歳児用）

クラスのねらい	○健康状態に留意しながら、沐浴などをして清潔に気持ちよく過ごせるようにする。 ○十分な水分補給をし、休息や睡眠をとりながら健康に過ごせるようにする。 ○生活リズムを大切にしながら、暑さに負けず元気にあそぶ。
クラスの内容	○暑い日も快適に過ごせるよう、体調に気を配り、沐浴をしたり、汗をかいたら着替えたりして、体を清潔に保ち気持ちよく過ごす。 ○水分補給をこまめにして体調管理をしっかり行う。 ○テラスに出て外気浴をし、部屋の中でも十分にあそぶ。
配慮事項	○気温に応じて、除湿や冷房を使いわけ、快適な室内温度を保つようにする。 ○水に対する恐怖感を与えないように気をつけ、優しく言葉掛けをしながら沐浴を行う。 ○外気浴では、直射日光が当たらないようにする。 ○言葉掛けを大切にし、無理なくあそびに誘う。
家庭支援	○汗拭きタオルや、衣服の調整ができるように多めの衣類を用意してもらう。 ○離乳食の進行状況を確認しながら進めていく。 ○夏祭りには、家族みんなで参加し、楽しんでもらえるようお誘いする。
行事	6日 総合非常災害訓練 17日 乳児体験 21日 夏祭り 23日 身体測定 31日 お誕生会
月の評価と反省・自己評価	○除湿や冷房を使用し快適に過ごせるようにし、水分補給も行った。 ○沐浴は数回だったが行うことができてよかった。気持ちよさそうにしていた。 ○離乳食が始まった。家庭と連絡を密にし情報を交換し合いながら進めている。 ○喃語に相対し応答的関係を築くように心掛けた。

個別指導案

前月の状態	内容	援助活動	月の成長
○ミルクは、ほぼ一定時間に一定量飲めるようになり、他の子どもの食事を見てよだれをたらしたり口を動かしたりすることがある。 ○睡眠のリズムもだんだん整ってきている。 ○保育教諭と向かい合うようにしてひざの上に座り、目と目を合わせ機嫌よくしている。 ○声を掛けたり、あやしてもらったりすると、声を出して喜ぶ。 ○布団の上に他の子と横並びになると、隣の子の服を引っぱったり、隣の子が泣いていると顔を少し横向きにし、じーっと見ている。 ○腹ばいになると、首をしっかり上げ、胸も持ち上げている。胸の前で、手を組んでいる。 ○玩具を握らせてあげると、しっかり持っている。	○離乳初期食が始まる。 ○心地よい環境のなかで、たっぷり眠る。 ○保育教諭に見守られながら、腹ばいや寝返りを十分に行う。 ○沐浴をして、気持ちよく清潔に過ごす。 ○盛んに喃語を発する。	○離乳食を食べるときは、飲みこむ様子などをよく見て、無理のないように進めていく。おなかがすきすぎず機嫌がいいときなどに、保育教諭と1対1で向かい合い、ゆっくりと食べられるようにする。 ○夏の暑さで、寝苦しく、1回の眠りが短くなったり浅くなったりするので、除湿や冷房を使い快適な室内温度を保つようにし、しっかり睡眠をとれるようにする。 ○寝返りしやすいよう、広めの空間をとる。心地よい体勢であそびながら、腹ばいや寝返りができるよう音の出る玩具で誘ったり、声を掛けたりする。 ○汗をかいたら沐浴をして、清潔で快適に過ごせるようにする。また、安心できるよう、優しく声を掛けながら行う。 ○発した喃語に対して、保育教諭が言葉で優しく答えるようにする。また、絵本を読んであげ、言葉の数が増えていくようにする。	○おもゆから始める。家庭でも食べていることもあり上手にベビー用スプーンからおもゆを食べている。ときどき口からおもゆがたれているので、おしぼりできれいに拭いてもらいながら、1対1で向かい合い、ひと口ひと口ゆっくり食べている。 ○睡眠中、暑くて何度か体を動かすが、目覚める様子はなく時間いっぱいたっぷり眠る。 ○腹ばいで過ごす時間も多くなり、足をひねったりして寝返りをしそうになる。 ○沐浴中は沐浴室を見回している。保育教諭に声を掛けてもらいながら体をきれいにしてもらい、気持ちよさそうな表情をしている。 ○あやされると「あーあー」「うっうっ」と声を出し、喃語の発声が聞かれる。絵本のなかの「カサカサ」や「ひらひら」などの音に反応して手足をばたつかせている。

7月

園長	主幹	担当

名前	女児B	月齢	1歳
前月末の子どもの姿	○保育教諭や友達に興味を持ち、後を追いかけて楽しんでいる。 ○喃語や片言で思いを伝えようとし、伝わると満足した様子で遊んでいる。 ○気に入った玩具があると一人で楽しむことが増えてきた。		
5領域	ねらい		
健康	○押し車や箱を押すことや、2～3段の階段を高這いやハイハイで上り下りすることを楽しむ。 ○便座に座ることに慣れ、決まった時間に喜んで座る。 ○楽しみながら手洗いを行い、心地よさを感じる。		
人間関係	○友達のそばで同じ遊びをする楽しさや心地よさを味わう。 ○保育教諭と一緒にままごとなどの日常を再現するごっこ遊びを楽しむ。		
環境	○身の回りの物や仕掛けがある玩具に興味を示し、仕組みに気づいて遊びを楽しむ。 ○雨や風などの自然の音に気づき、保育教諭と一緒に楽しむ。		
言葉	○保育教諭に自分から進んで身振りや片言、一語文で思いを伝えようとする。 ○言葉の音やリズムの響きを楽しみながら、繰り返しのある絵本を喜んで見る。		
表現	○保育教諭と一緒にリズムに合わせて身体を動かす楽しさを味わう。 ○クレヨンやタンポを使ったなぐり描きを思う存分楽しむ。		
評価・反省	発する言葉や音数が増えてきたため、遊びの中で「どうぞ」「ありがとう」などのやり取りを取り入れるようにしたところ、保育教諭との関わりを楽しみながらいろいろな遊びに興味を向け、積極的に歩行も楽しむようになってきた。		

8月

氏名　男児A　（0歳　6か月）

園長	主任	担当

月案　20XX年8月1日～8月31日　（つくし組　0歳児用）

クラスのねらい	配慮事項	家庭支援	行事	月の評価と反省・自己評価
○体調に留意し、暑い夏を健康で快適に過ごせるようにする。 ○体調や天候に気をつけながら、沐浴を楽しむ。 ○ゆったりとした環境で保育教諭とふれあい、信頼関係を深める。	○沐浴、水あそびは、体調やその日の気温、安全面や衛生管理に十分配慮し行う。 ○冷房のかけすぎに注意し、外の自然な風を入れながら快適な環境づくりをする。 ○保育教諭にだっこしてもらったり、赤ちゃんマッサージをしてもらったりしながら、十分にふれあい、心地よく過ごせるようにする。	○沐浴や水あそびができるかどうか、健康状態を確認し合う。また、沐浴、水あそびを楽しんでいる様子を伝え、園での様子がわかるようにする。 ○離乳食について、こまめに家庭と連絡を取り合い、食材を増やしていくようにする。 ○夏の風邪やとびひ、虫刺され等に気をつけてもらい、細かな連絡を取り合えるようにする。	1日　非常災害訓練 10日　交通安全訓練 21日　乳児体験 25日　子育て相談日 27日　身体測定 31日　お誕生会	○暑い日が続き、眠っているときも寝苦しそうにしているので、クーラーを使い室温に気を配り、快適に過ごせるようにした。また、体を拭いたり沐浴をしたりして、清潔に過ごせるように心掛けたものの、体調を崩すこともあった。 ○要求や欲求にすぐ対応するよう心掛けたが、気持ちにうまく添うことができないときもあった。
クラスの内容				
○体調に合わせてゆったりとした生活リズムで過ごせるようにする。 ○ゆったりとした環境のなかで、1対1でじっくりふれあい、安心して過ごす。 ○湯冷ましを用意し、こまめに水分補給を行う。				

個別指導案

前月の状態	内容	援助活動	月の成長
○離乳初期食。上手にベビー用スプーンからおもゆを食べている。ときどき口からおもゆがたれている。 ○睡眠は時間いっぱいたっぷり眠る。 ○腹ばいにすると、寝返りをしようと体をひねる。 ○ゆりかご風に作った段ボールの箱に入って座ったり、ガードいすに布団を入れ、背中を支えられて座る。 ○玩具を持たせると口に持っていき、なめている。 ○保育教諭にだっこされたり、添い寝をしてもらったりすると機嫌がいい。 ○両脇をしっかり支え、保育教諭のひざの上に両足を乗せると、足をつっぱらせている。 ○沐浴は嫌がらず、周りを見回しながら体をきれいにしてもらう。	○離乳食に慣れ、量や食材も増え、喜んで食べる。 ○安心できる環境のなかで、ぐっすりと眠る。 ○おむつ交換をしてもらい、さっぱりとした心地よさを感じる。 ○寝返りをしながらゴロゴロと移動をする。 ○保育教諭とかかわり、安心して過ごす。 ○保育教諭と一緒に絵本を見る。	○ひと口ずつゆっくりとスプーンを口に運ぶ。飲みこむのを確認してから、つぎの食べ物を口に運ぶようにする。健康状態を見ながら、家庭と連絡を密に取り合い、無理なく進めていく。 ○安心して入眠できるようにトントンし、ぐっすり眠れるようにする。途中で目覚めたときは、なるべく再眠を促し、十分眠れるようにする。 ○優しく声を掛けながら、おむつを替えてもらっていることがわかるようにし、また、交換した心地よさも言葉にして伝えていくようにする。 ○寝返りをして移動するので、拭き掃除をきちんとし、危険な物が落ちていないか確認して、十分に寝返りできる環境を整える。 ○だっこしたり、ひざの上に座らせたりしてスキンシップをし、十分にふれあうようにする。 ○同じ絵本をくり返し読み、絵本に親しみを持てるようにする。	○家庭と連絡を取り合いながら、食べられる食材も増えてきている。 ○昼寝はミルクを飲み、スーッと入眠する。途中、寝苦しく体を動かしたりするが、時間いっぱい眠っている。 ○おむつを落ち着いて交換してもらっている。交換前は気持ち悪くて泣いていても、交換が終わると泣きやんでいる。 ○同じ方向に寝返りをしている。腹ばいで過ごすことも嫌がらず手や足を床から上げることもある。 ○保育教諭とのスキンシップを喜び、だっこしてもらいたいときは声を出して要求している。だっこやひざの上に座って過ごしている。 ○同じ絵本をくり返し読んでもらうことで、絵本を読み始めると手足をバタバタさせたり、絵本にさわろうとしたりしている。

8月

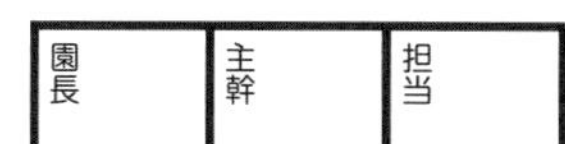

名前	女児B	月齢	1歳1か月
前月末の子どもの姿	○保育室内で意欲的に探索活動を楽しんでいる。 ○そしゃくがじょうずになり、食事をすることを楽しんでいる。 ○玩具を介して保育教諭と言葉やしぐさでのやり取りを喜んでしている。		

5領域	ねらい
健康	○午前寝でリズムが整い、徐々に幼児食にも慣れ、遊びや食事等も充実し心地よく生活する。 ○保育教諭との安定した関係から、安心感を持って好きな遊びを楽しむ。 ○室内外での探索活動を楽しみながら満足するまでハイハイや歩行をする。
人間関係	○保育教諭と一緒に好きな遊びをじっくり楽しむ。 ○遊び慣れた玩具等がある安心できる環境の中で、友達や保育教諭と共に過ごす心地よさを感じる。
環境	○水に触れて心地よさを味わったり、カップで汲んだり空け移したりして物を使って遊ぶ楽しさを味わったりする。 ○シール貼りや仕掛け絵本など、簡単な物の仕組みに気づきながら遊びを楽しむ。
言葉	○保育教諭に思いを受け止めてもらううれしさから、盛んに思いを伝えようとする。 ○保育教諭のまねをして、朝や帰りの挨拶、食事前後の挨拶をしようとする。
表現	○水や凍らせたタオル、小麦粉粘土、絵の具など様々な素材に触れ、その感触を十分に楽しむ。 ○床に貼られた大きな紙に、腕をいっぱい動かして描くことを楽しむ。
評価・反省	はじめは水に触れることを嫌がっていたが、保育教諭が少しずつ遊びに誘い、楽しさを知らせたことで安心して遊べるようになった。水遊びに限らず、本児の気持ちに寄り添い丁寧に関わることで、安定した気持ちでいろいろなことへの興味を広げることができた。

園長	主任	担当

9月 氏名 男児A （0歳 7か月）

月案 20XX年9月1日～9月30日 （つくし組 0歳児用）

クラスのねらい	配慮事項	家庭支援	行事	月の評価と反省・自己評価
○夏の疲れも出てくる時期なので、一人ひとりの健康状態に合わせ、ゆったりとしたリズムのなかで過ごせるようにする。 ○一人ひとりの発達に合ったあそびのなかで、安全に留意し、好きなあそびを楽しむ。	○朝夕は涼しく、日中はまだ暑さが残ることもあるので、気温に応じて衣服の調節をし、健康に過ごせるようにする。 ○十分な休息、睡眠ができるよう環境を整える。 ○視診を心掛け、健康状態をこまめに確認する。 ○寝返り、はいはい、お座りなど、動きが活発になってくるので、その動きを十分楽しめるよう安全な環境を整える。	○子どもの健康状態について、密に連絡し合う。 ○気温差があるので、体温調節しやすい衣服を用意してもらう。 ○運動会について、わかりやすく説明し、無理なく家族で参加できるようお誘いする。 ○離乳食は順調に進んでいるので、さらに連絡を取り合うようにする。 ○保育学校へのお誘いをする。	1日 世代ふれあいまつり 4日 非常災害訓練 7日 保育学校 15日 運動会 18日 乳児体験 24日 身体測定 28日 お誕生会・職員会議 29日 子育て相談日	○体調を崩し休むこともあった。休み明けは、無理な活動はせず、ゆったりとしたリズムで過ごせるように心掛けた。 ○園での離乳食の食べ具合などを伝え、また、食べてもらいたい食材なども話し、園と家庭とで協力しながら進めている。 ○行動範囲の広がりを考慮した環境設定により、探索活動を十分に楽しんでいた。

クラスの内容

○夏の疲れや気温の変化で体調を崩しやすいので、一人ひとりの体調の変化を見逃さず、十分な休息をとりながら、ゆったりと過ごす。

○一人ひとりの発達に合ったあそびが楽しめるように、玩具を用意する。

個別指導案

前月の状態	内容	援助活動	月の成長
○離乳初期食を口を閉じて飲みこめるようになる。 ○寝苦しく体を動かすが、目覚めることなく、長い時間眠れるようになる。 ○落ち着いておむつを交換してもらう。快、不快も感じている。 ○同じ方向へだが、寝返りをして移動している。 ○腹ばいは両ひじでしっかり体を持ち上げ、手に玩具を持ってあそぶ。 ○保育教諭の声掛けに笑顔を見せ、手足をばたつかせて喜んでいる。 ○「あーあー」と大きい声での喃語が聞かれる。 ○保育教諭のひざの上に座らせたり、だっこしたりして、ふれあいを楽しむ。	○離乳中期食を食べ始める。 ○睡眠のリズムが2～3回寝になる。 ○保育者とのふれあいあそびを楽しむ。 ○ずりばいやはいはいで好きな所へ移動し、探索活動を楽しむ。 ○好きな玩具で楽しくあそぶ。 ○絵本を見ることを喜ぶ。	○モグモグと口を動かしてゴックンと飲みこんだのを確認してから、つぎのひと口を運ぶ。 ○保育教諭も一緒に口を動かしたり、「モグモグゴックンだよ」などと声を掛けていく。 ○安心して快適に眠れるよう、優しく歌ったり頭をなでたりする。降園時間が遅いので、家庭と連絡し合いながら、夕方の睡眠も行う。 ○「一本橋こちょこちょ」「いないいないばあ」などでふれあい、甘えたい気持ちを満たす。 ○「おいでおいで」と呼びかけたり、好きな玩具を使ったりして、はいはいを促していく。保育教諭に見守られながら行きたい場所に行けるよう、安全な環境設定に努める。 ○振ると音の出る玩具や歯がため、指先を使ったあそびを楽しめる玩具を用意する。 ○絵本を読む声のトーンを変えたり、絵を楽しめる絵本を用意する。	○手に持てる物は持って、モグモグと口を動かして食べるが、口につめこむこともあるので注意して見守る。 ○途中目覚めることなく、ぐっすり眠れる。朝・昼・夕の3回寝。 ○保育教諭とのかかわりを喜び、いないいないばあをしたり、体をくすぐってもらったりして、ふれあうことを楽しんでいる。 ○部屋の中をずりばいで移動し、保育教諭や玩具に向かって行く。行動範囲が広がり、テーブルの下に入って行くこともある。 ○自分で好きな玩具を手にし、振ったり口に入れてなめたりして遊んでいる。白いハウスにも興味を持ち、ハウスの入り口からずりばいで入っていくことができる。 ○絵本を読み始めると、ずりばいで近づいてくる。絵本から目を離さず、目で追って見ている。

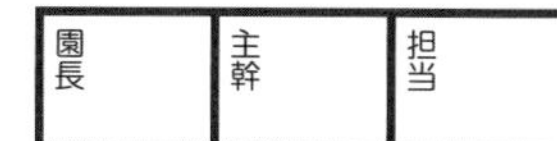

名前	女児B	月齢	1歳2か月
前月末の子どもの姿	○保育教諭との安定した関係の下、様々な遊びに興味を示し楽しんでいる。 ○しぐさや言葉で保育教諭に欲求を伝え、思いが通じて行動に移せることを喜んでいる。 ○積み木を２個重ねたり、拾った物を穴に入れるなど、目と手の協応運動が盛んに行われている。		
5領域	ねらい		
健康	○ズボンの着脱に興味を持ち、足を出し入れしようとする。 ○トイレの時間は友達や保育教諭と一緒に喜んで便座に座る。 ○小さな物をつまんだり落として入れたりして、微細運動を取り入れた遊びを楽しむ。		
人間関係	○保育教諭との物のやり取りを喜び、繰り返し行うことを楽しむ。 ○保育教諭がすることに興味を持ったり、まねをしようとしたりする。		
環境	○虫や花などに興味を持ち、見たり触れたりして楽しむ。 ○ブロックや積み木などを箱に入れたり出したりすることを繰り返し楽しむ。		
言葉	○保育教諭とのやり取りを言葉やしぐさで行い、ごっこ遊びを広げていく。 ○「バイバイ」「貸して」「ねんね」など、生活に必要な簡単な言葉が分かり、身振りや言葉で表現しようとする。		
表現	○お絵かきや絵の具遊びなどで色の違いを感じたり、片栗粉や小麦粉、泡、砂遊びなどで感触の違いを楽しんだりする。 ○鈴や太鼓、カスタネットの音色の違いを楽しみながら、音を鳴らすことを楽しむ。		
評価・反省	園児が自分の手でやってみようとする姿を適切に援助したり見守ったりしてきたことで、着脱の際に手足を自分で入れようとしたり、コップを持って牛乳を飲もうとするなど、身の回りのことへの関心が高まってきた。		

園長	主任	担当

10月 氏名 男児A （0歳 8か月）

月案 20XX年10月1日～10月31日 （つくし組 0歳児用）

クラスのねらい	○衣服や室内温度の調整に気をつけ、健康に過ごせるようにする。 ○天気がいい日は乳母車に乗って散歩に行き、秋の自然に触れる。
クラスの内容	○気温や体調に合わせて、こまめに衣服の調節を把握しながら、健康で快適に過ごせるようにする。 ○戸外に出て自然に触れ、秋の風を体や心で感じ楽しめるようにする。
配慮事項	○季節の変わり目で体調を崩しやすいので、一人ひとりの視診を十分に行い、無理なく健康に過ごせるようにする。 ○天気のいい日は、散歩等を通して戸外へ出て外気に触れ、秋の自然を感じられるようにする。
家庭支援	○朝夕と日中の気温差があるので、体温調節のしやすい洋服を用意してもらう。また、薄着の大切さを知らせ、体調について家庭と十分連絡を取り合いながら薄着を心掛ける。 ○離乳食が順調に進んでいるので、さらに連絡を密にしながら進めていく。
行事	3日 非常災害訓練 12日 交通安全訓練 16日 乳児体験 26日 身体測定 27日 子育て相談日 31日 お誕生会
月の評価と反省・自己評価	○朝早く、帰りが遅いので、日中薄着にしても、降園前には衣服を交換するように配慮している。 ○日中はまだ暖かいので、気分転換と外気浴を兼ねて積極的に散歩に出かけることができた。 ○できるだけ好みの玩具、絵本を楽しめるようにした。

個別指導案	前月の状態	内容	援助活動	月の成長
	○手に持てるものは自分で持って食べるが、つめこむことがある。 ○1時間半ほどまとまった時間眠る。 ○保育教諭といないいないばあをし、ふれあいを楽しむ。 ○保育教諭や玩具に向かって、ずりばいで移動する。 ○安定して座れるようになる。 ○玩具をなめたりかんだりして、感触を楽しんでいる。	○モグモグゴックンを促し、よくかんで食べる。 ○たっぷり眠り、健康に過ごす。 ○散歩に出かけたり、外気浴をしたりして、秋の自然に触れる。 ○お座りの姿勢であそびを楽しむ。 ○手あそびやふれあいあそびを楽しむ。 ○絵本を読んでもらうことを喜ぶ。	○丸飲みにならないようにゆったりとしたペースで、口の中の物が完全になくなってから、つぎのひと口をすすめる。 ○苦手な食材も、無理はせず、少しずつ味に慣れるよう、くり返し言葉を添えながら与える。 ○睡眠途中で目が覚めても、再び安心して眠れるように、優しくトントンしたりさすったりする。 ○子どもの体調を見て、天気のいい日は外に出て、秋の風を肌で感じたり、気分転換したりできるようにする。 ○好きな玩具やボールを用意して、お座りでのあそびのバリエーションを増やす。 ○「げんこつやまのたぬきさん」「とんとんとんとんアンパンマン」などの手あそびをくり返し、保育者のまねをして、表現の楽しさを味わう。 ○保育教諭と1対1で絵本を読んだり、他の子と一緒に見たりして、楽しむ。	○自分で持てる物は自分で持って食べ、保育教諭にも介助してもらいながら落ち着いて座り食べている。なんでも嫌がらずに食べる。つめこみすぎのときもあるので、よくかんで食べられるように、一緒に口を動かしながらモグモグすると、まねしている。 ○トントンで入眠し、時間いっぱい眠っている。目覚めもいい。 ○天気のいい日に、乳母車に乗り園庭散歩をしたり、テラスに出て座ったり腹ばいになったりしながら、秋の風を感じ、機嫌よく過ごすことができた。 ○お座りが安定し、玩具に手を伸ばして取っている。また、ボールを転がしてあげるとつかんで口に持っていき、なめている。 ○他の子どもと一緒に手あそびをすると、じーっと見ている。 ○保育教諭のひざの上に座って、絵本に触ったり、絵をなでたりして見ている。

10月

園長	主幹	担当

名前	女児B	月齢	1歳3か月

前月末の子どもの姿	○見つけた虫や草花をつまんだり、粘土をちぎったりして、様々な素材に触れながら指先を使った遊びを楽しんでいる。 ○意欲的に身体を動かし、行きたいところに自由に行って好きな遊びを楽しんでいる。 ○保育教諭と一緒に身の回りのことを自分の手でしようとする姿が見られている。
5領域	ねらい
健康	○スプーンと手づかみで意欲的にいろいろな食材を食べる。 ○外遊びのあとや食事前の手洗いをし、自分でも手を動かして洗いながら心地よさを感じる。 ○土、砂、芝生の上など、様々なところを楽しみながら歩く。
人間関係	○保育教諭の受容的、応答的なかかわりの中で欲求を満たすことにより、自分がしたいことを見つけて安心感を持って遊ぶ。 ○遊びや生活の中で他の園児の存在に気づき、同じ遊びをそばで楽しんだり顔をのぞき込んだりして楽しむ。
環境	○涼しくなってきた風を心地よく感じたり、マツボックリやドングリ、落ち葉などの自然物を手に取って色や形を感じたりして楽しむ。 ○見つけたものを手に取り眺めたり感触を楽しんだり、小さな物をつまんで穴に入れたりして楽しむ。
言葉	○絵本を読んでもらい、言葉の音のリズムをまねして話そうとしたり体で表現したりして楽しむ。 ○ままごとやお医者さんごっこなど、イメージしやすい日常を再現してもらい簡単な言葉やしぐさでやり取りを楽しむ。
表現	○保育教諭の動きを見ながら音楽やリズムに合わせて手足を動かしたり、左右に揺らしたりして楽しむ。 ○土や砂、草、葉などに触れ、握ったり入れ物への出し入れをしたりしながら、その感触を楽しむ。
評価・反省	室内外で様々な素材に触れ、感覚遊びを存分に楽しめるようにしたところ、興味を持って自分から手を伸ばしたりそれらを使って遊び込む姿が見られた。また、友達との仲立ちをすることで、友達の存在を意識した遊び方が見られるようになってきた。

11月 氏名 男児A （0歳 9か月）

園長	主任	担当

月案 20XX年11月1日～11月30日 （つくし組 0歳児用）

クラスのねらい	○冬に向けて薄着で過ごし、丈夫な体をつくる。 ○身の回りのものに興味を持ち、自分から進んで動き、かかわろうとする。 ○保育教諭とのふれあいを喜び、やり取りを楽しんだり、周りの子とかかわったりしてあそぼうとする。	**配慮事項**	○健康状態を把握し、視診・検温を行い、体調の変化にいち早く気づけるようにする。 ○暖房が入ったので、危険のないよう十分配慮する。 ○子ども同士のかかわりも多くなったので、保育教諭も一緒にあそびながら、楽しくかかわりが持てるようにする。 ○遊具等の配置を考慮し、移動の妨げにならないようにする。	**家庭支援**	○薄着の大切さを知らせ、日中は動きやすい服装であそびができるよう衣服を用意してもらう。 ○園での様子を伝え、成長を互いに喜び合う。 ○流行性の病気が出てきたので、健康状態に異常がある場合は保護者に連絡をし、1日の様子も細かく連絡し合う。
クラスの内容	○気温・湿度、健康状態を把握し快適に過ごす。 ○はいはいやつかまり立ち、伝い歩きなどで、動き回ることができる喜びを味わう。 ○保育教諭と1対1でやり取りを楽しんだり、周りの子どもに関心を持ち、あそびをまねたりする。				

行事	
1日	非常災害訓練
13日	内科健診
20日	歯科検診
24日	子育て相談日
26日	クリスマス点灯式
	身体測定
30日	お誕生会

月の評価と反省・自己評価

○活動も活発になり、園でのあそびの様子を保護者に伝え、成長したことを喜び合うことができた。

○延長保育を利用していて、担任の保育教諭と会えないときは、当番の保育教諭にしっかり伝言をし、伝えてもらうようにしている。

個別指導案

前月の状態	内容	援助活動	月の成長
○保育教諭に介助してもらいながら落ち着いて食べる。つめこみすぎることがあるので、保育者も一緒に口を動かしている。 ○睡眠は1時間半から2時間眠る。 ○おむつを交換するとき、体をひねったりして嫌がるようになる。 ○乳母車に乗っての園庭散歩、テラスでの外気浴を喜ぶ。 ○玩具同士を打ち付けて音を出してあそぶ。 ○お座りをし、近くにある玩具に手を伸ばして取ろうとし、前のめりになり腹ばいの姿勢になる。 ○他の子どもや保育教諭との手あそびでは、じーっと見ている。	○いろいろな味に慣れ、離乳食を喜んで食べる。 ○ずりばいやはいはいを盛んにし、探索活動を楽しむ。 ○自分の要求を声やしぐさで表す。 ○特定の保育教諭と一緒にいることで、安心して好きなあそびを楽しむ。 ○保育教諭や他の子どもと一緒に絵本を見ることを喜ぶ。	○体調に合わせて食品の数や量を考慮していく。保育教諭の口の動きを見せて、かむことを促していく。 ○はいはいが十分楽しめるスペースと安全な環境を整える。 ○好きな玩具を手に取りやすい場所に置いておき、あそびへの意欲を引き出すようにする。 ○子どもが表情や態度で訴えてきたときは「○○したかったんだね」と言葉を添えていく。 ○保育教諭に見守られながら安心して好きなあそびを楽しめるようにする。 ○担任の保育教諭と担任以外の保育教諭との区別がついてきた。子どもが不安を感じているときには、それを温かく受け止めるようにする。 ○言葉のリズムや、いないいないばあなどのやり取りが楽しめるような絵本を用意する。	○食べられる食材も増え、つまんで食べられるものは、つまんで口に運んでいる。つめこむことも少なくなった。ミルクは、食後と午後の2回。食事の量が多いときは、ミルクの量が少なくなる。 ○移動はずりばいからはいはいになり、ソファーやガードいすにつかまって立とうとしている。真ん中の部屋や廊下を使用し、広い場所であそべるようにした。玩具がある所まではいはいで行き、玩具を手にすると座ってあそんでいる。 ○自分の要求を指差しで知らせたり、だっこをしてもらいたいと泣いたりして教えている。だっこしてもらうとピタッと泣きやみ笑顔を見せている。 ○担任以外の保育教諭にもだっこをしてもらったり声を掛けてもらったりしている。部屋では、保育教諭に見守られるなかで、音の出る玩具であそび、スイッチを押して音を出して楽しんでいる。 ○始まりの歌を歌うと、手足をばたつかせている。他の子どもが笑うと、笑顔を見せたり、手をパチパチしてまねをしている。

11月

名前	女児B	月齢	1歳4か月
前月末の子どもの姿	○友達に玩具を貸してあげたり、自分から同じ空間で遊ぶなど、友達の存在を意識した遊びが見られるようになってきた。 ○午前の睡眠がなくても過ごせるようになってきた。 ○絵本やごっこ遊びなど、言葉を楽しむ遊びを好むようになった。		
5領域	ねらい		
健康	○保育教諭と一緒に簡単な身の回りのことをしようとする。 ○保育教諭に誘われてトイレに行き、便座に座り排泄しようとする。 ○戸外での遊びに興味を持ち、様々な道具や自然物に触れながら積極的に身体を動かして遊びを楽しむ。		
人間関係	○保育教諭とのスキンシップを喜びながら、ふれあい遊びを楽しむ。 ○友達や保育教諭と一緒に過ごすことを喜び、保育教諭に仲立ちしてもらいながら友達とのやり取りを楽しむ。		
環境	○遠足や散歩を通して秋の自然や虫に興味を持ち、保育教諭と一緒に探索を楽しむ。 ○絵本の中から動物や食べ物など、自分が知っているものや聞かれたものを探して指差す。		
言葉	○生活の中や絵本を見ている時など、物の名前を片言で話そうとする。 ○お料理のまねやお風呂遊びなどの中で、「ジュージュー」「ごしごし」などの音をまねしながら楽しむ。		
表現	○人形をトントンしながら寝かしつけたり、おんぶをしたり、ご飯を食べさせるまねをしたりするなどイメージを持ちながら遊びを楽しむ。 ○絵の具や様々な素材の紙に触れ、その色合いや感触の違いを楽しむ。		
評価・反省	友達との関わりを喜び保育教諭を介してやり取りを楽しんでいたため、ごっこ遊びや絵本をたくさん取り入れたところ、自分なりにイメージを持ちながら遊びを楽しむ姿が見られ、言葉やしぐさでのやり取りも盛んに見られるようになってきた。		

12月 氏名 男児A (0歳 10か月)

園長	主任	担当

月案 20XX年12月1日～12月31日 （つくし組 0歳児用）

クラスのねらい	配慮事項	家庭支援	行事	月の評価と反省・自己評価
○気候や体調に留意して、なるべく薄着を心掛けながら健康に過ごす。 ○好きなあそびを楽しむなかで、友だちとのかかわり方を知り、一緒にあそぶことを喜ぶ。	○視診を細かくていねいに行い、病気の早期発見に努める。 ○暖房器具の点検や温度調節、換気に気をつけ、快適に過ごせるようにする。 ○一人ひとりが好きなあそびをじっくり楽しめるように、あそびや環境を工夫するとともに、友だちとかかわってあそべる場をつくる。 ○歩行やはいはいでの移動が多くなってきたため、けがや事故のないよう環境づくりに配慮する。	○衣服の調節ができるよう、十分な着替えを用意してもらう。 ○クリスマス子ども会へ、親子で参加のお誘いをする。 ○年末年始はできるだけ子どもの負担にならないような過ごし方を心掛けてもらうようお願いする。 ○10か月健診での様子を保護者に聞き、情報を交換する。	4日 非常災害訓練 7日 交通安全訓練 12日 クリスマス訪問 18日 乳児体験 21日 身体測定 22日 クリスマス子ども会 26日 お誕生会 28日 御用納め	○周りの友だちに興味を持ち始めているので、保育教諭が仲立ちをしながら、かかわりを多く持てるようにした。また、園での様子を保護者に伝え、成長を喜び合うことができた。 ○暖房を使用し乾燥しやすくなったので、加湿器を使用したり、窓を開けて自然の風を入れ空気の入れ換えを心掛けたりすることで、快適に過ごせた。

クラスの内容
○体調や気温に応じて、衣服の調節をする。 ○感染性の病気がはやる時期なので、部屋の換気に気をつける。 ○はいはいやつかまり立ち、歩行を十分に楽しみ、保育教諭や友だちとふれあいながらあそぶ。

個別指導案

前月の状態	内容	援助活動	月の成長
○小皿に取り分けてあげると、親指と人差し指で食材をつまみ口に運んで食べている。 ○ミルクは、食後と午後の2回。食事の量が多いときは、ミルクの量が少なくなる。 ○はいはいでの移動を十分楽しむ。 ○何かにつかまり、立とうとする。 ○音楽が聞こえてくると体を揺らしリズムにのる。 ○自分の要求は指差しで保育教諭に知らせる。泣いたり、フンフン鼻を鳴らしたりして、だっこを要求する。だっこをするとピタッと泣きやみ笑顔を見せる。 ○担任以外の保育教諭にだっこをしてもらったり声を掛けてもらったりしている。 ○安心できる保育教諭に見守られ玩具で遊んだり、他の子どもにも興味を持ち、体に触れてかかわろうとしたりしている。	○離乳後期食を手づかみで食べ、コップで湯冷ましや果汁を飲む。 ○静かな環境で、ぐっすり眠る。 ○はいはいやつかまり立ちを十分に楽しむ。 ○保育教諭の歌や、音楽を聞いて楽しむ。 ○絵本を見ながら指差ししたり、喃語で知らせたりする。	○野菜スティックなどの握りやすい食品を用意し、自分で食べることの楽しさを味わえるようにする。 ○コップに慣れるよう、保育教諭がコップを持って少しずつゆっくり飲めるようにする。 ○午睡中、目を覚ましたら、優しくトントンしたり子守歌を歌ったりして、再び安心して眠れるようにする。 ○はいはい、つかまり立ちと、動きが活発になってきたので、十分動ける空間を用意し、安全な環境を整える。 ○季節の歌を歌ったり、CDをかけたりし、音楽に触れられるようにする。 ○1対1で好きな絵本を読んであげ、スキンシップをとるようにしていく。 ○指差しや喃語には、言葉を添えながら共感し、興味関心を広げていく。	○こぼしながらも、手づかみで食べている。お椀から味噌汁を飲むときは、保育教諭が持って飲ませるが、口からだらだらこぼれている。コップからの水分補給も同じ。 ○3回寝。昼寝はミルクを飲んで入眠する。途中目を覚ますこともある。午後はミルクを飲んだあと、少ししてからおんぶで入眠する。 ○はいはいを十分に行い、つかまり立ちもしっかり足を地面につけて安定感がある。つかまり立ちの状態から座ることができる。 ○季節の歌を歌ったり、手あそびを行ったりすると、体をゆらしたり手を上下に動かしたり保育教諭のまねをしたりして楽しんでいる。 ○保育教諭のひざに座り1対1で絵本を見る。ページをめくり、出てくる絵をさわっている。みんなで見るときは、ガードいすに座る。読んでいる保育教諭や絵本をしっかり見ている。

12月

園長	主幹	担当

名前	女児B	月齢	1歳5か月
前月末の子どもの姿	○スプーンを使って意欲的に食事をしようとしている。 ○着脱や排泄など、保育教諭に手伝ってもらいながら自分でもしようとしている。 ○ごっこ遊びや絵本を喜び、保育教諭や友達とのやり取りを楽しんでいる。		
5領域	ねらい		
健康	○心身共に満たされ、生活リズムが安定する。 ○滑り台をよじ登ってうつぶせで滑ったり、箱を押して歩いたり、ロープを引っぱったり、ボールを転がしたりして全身を動かして楽しむ。 ○食事前後の手洗いや口ふきなど、清潔にする心地よさを感じて保育教諭のまねをして自分でもしてみようとする。		
人間関係	○保育室に入る時には靴を脱ぐことや、決められた場所にカバンを置くことなど、園生活の中の決まりごとを感じ、生活の中で少しずつ覚えていく。 ○ままごと遊びなどをし、物のやり取りや保育教諭のまねごとなどを楽しむ。		
環境	○遊びや生活の中で「大きい」「重い」「寒い」などを体験する。 ○積み木を積み上げて倒したり、ティッシュに見立てた布を箱から全部出して遊んだりして、玩具を使った遊びを楽しむ。		
言葉	○「大きい」「重い」「寒い」という言葉とその意味が遊びや生活の中で結びつく。 ○お気に入りの絵本やページを見つけて、保育教諭に読んでほしいと要求する。		
表現	○音楽に合わせて手をたたいたり身体を動かしたり、太鼓や鈴などの楽器を鳴らしたりして楽しむ。 ○大きな紙や段ボール箱などの様々な素材に、クレヨンや絵の具などでなぐり描きを楽しむ。		
評価・反省	全身を使った遊びを好むようになってきたので、運動マットや踏み台、フープやロープなど様々な遊具を使った遊びを取り入れ、全身の様々な動きを引き出すようにした。また、身の回りのことへの関心も高まっているので、まねをする楽しさを味わえるようにしながら自分でする楽しさを感じられるようにした。		

1月

氏名　男児A　（0歳　11か月）

園長	主任	担当

月案　20XX年1月1日～1月31日　（つくし組　0歳児用）

クラスのねらい

○寒い時期を健康で快適に過ごす。

○心身ともに安定して過ごせるよう、生活リズムを整える。

○体を動かし、身の回りのいろいろな所を探索したり、保育教諭の仲立ちで周りの子とふれあい一緒にあそぶことを楽しんだりする。

クラスの内容

○一人ひとりの体調や情緒面に気を配りながら、心地よく過ごせるようにする。

○伝い歩きや歩行で部屋の中を探索したり、保育教諭が仲立ちしながら周りの子とふれあい一緒にあそんだりする経験ができるようにする。

配慮事項

○視診を細かくていねいに行い、病気の早期発見に努める。

○暖房器具の点検や温度調節、換気に気をつけ快適に過ごせるようにする。

○長い休み明けは、一人ひとりの生活リズムを把握し、安定して過ごせるようにする。

○行動範囲が広がり、活発に動き回るようになってきたので、目を配り、けがや事故のないよう環境づくりに配慮する。

家庭支援

○年末年始の休み明けは、無理なく生活リズムを整えていけるよう、家庭と連絡を取り合い、健康状態についてもこまめに伝え合う。

○子ども同士のかかわりが楽しくなってきたり、歩けるようになりいろいろな物に興味を持つようになったりしてきたことなどを、送迎時に伝え、ともに成長を喜び合う。

行事

7日	非常災害訓練
15日	乳児体験
25日	身体測定
31日	お誕生会

月の評価と反省・自己評価

○年末年始の休み明け、表情が硬く笑顔が少なく感じたので、スキンシップを多くとるようにし、不安が安心になるようにかかわるようにした。

○部屋を中心にしてのあそびが多かった。ホールへ行ったり、真ん中の部屋を使ったりして、広い場所で伝い歩きなどを経験させたい。

個別指導案

前月の状態	内容	援助活動	月の成長
○こぼしながらも手づかみで食べる。 ○お椀から味噌汁を飲むときは、保育教諭が持って介助するが、口からだらだらこぼれている。 ○3回寝。途中目覚めるがトントンすると再眠している。 ○はいはいを十分に行い、つかまり立ちにも安定感がある。 ○かごの中に玩具を入れたり、かごの中から玩具を取り出している。 ○季節の歌、手あそびを行うと、保育教諭のまねをして手を上下に動かしている。 ○保育教諭のひざに座り絵本を見たり、みんなと一緒に見たりする。絵本をさわったり、読んでいる人や絵をしっかり見たりしている。	○手づかみや、フォーク・スプーンを使い、口に運び食べようとする。 ○布団でたっぷり眠り、機嫌よく目覚める。 ○つかまり立ちや伝い歩きをする。 ○喃語や発語が盛んになる。	○手づかみでも自分で食べようとする気持ちを大切にする。また家庭にも、手づかみでも自分で食べようとすることの大切さを知らせるようにする。 ○自分でコップを持って飲んでいるときは、見守るようにする。 ○布団で時間いっぱい眠れるようにする。途中で目覚めたときは、トントンしたり保育教諭がそばにいたりして、安心感を持たせるようにする。 ○保育教諭が手を引いたり、手押し車を用いたあそびを取り入れたりするようにする。バランスを崩しての転倒には十分気をつける。 ○表情豊かに話しかけ、喃語をしっかりと受け止め、発語の喜びや、やり取りの楽しさを感じられるようにする。	○ベビー用のスプーンを用意し握らせると、スプーンを口に入れてなめたりテーブルの上を叩いたりしている。手づかみではあるが、指先を使い上手に食べている。コップ、お椀で飲むときは、保育教諭が援助すると、口からこぼすこともなく飲める。 ○布団で入眠する。 ○つかまり立ちから、伝い歩きができるようになる。壁やロッカーに手をつき、慎重に右に左に歩いている。また、段ボールの箱を押して歩くこともある。つかまり立ちから数秒手を離す姿も見られる。 ○絵本の動物を見て「ニャンニャン」と話している。保育教諭の「ちょうだい」などの声掛けを理解し、対応できるようになる。

1月

名前	女児B	月齢	1歳6か月
前月末の子どもの姿	○自分でやりたい気持ちが育ち、様々なことをやってみようとする姿が見られた。 ○言葉が増え、遊びの中で発することが多くなってきた。 ○思いどおりにならない時に泣いたりたたいたりして感情をぶつけることが増えた。		
5領域	ねらい		
健康	○保育教諭に応答的に関わってもらいながら、安定感を持って生活する。 ○衣服を脱いだり、ファスナーを下ろしたり、ズボンに足を入れて引っぱったりするなど、積極的に着替えをしようとする。 ○運動マットでつくった坂道を上り下りしたり、トンネルをくぐったりして楽しむ。		
人間関係	○保育教諭や友達のまねをするなど身近な人に興味を持って遊びを楽しむ。 ○欲しいものがある時には指差しや片言などで保育教諭に訴える。		
環境	○空気や雪の冷たさ、毛布の心地よさなど冬ならではの感覚を味わう。 ○カバンやおしぼり、コップなどの「自分の物」や、保育室、椅子などの「自分の居場所」が分かる。		
言葉	○手遊びや季節の歌など、よく聴く歌を保育教諭と一緒に口ずさむ。 ○「どうぞ」「どうも」などの言葉を話しながらやり取り遊びを楽しむ。		
表現	○やきいもやみかんなど、冬に感じられる味や香り、感触を楽しむ。 ○童謡やリズムに合わせてウサギや馬、犬などの動物になりきって楽しむ。		
評価・反省	感情を激しく表したり、年末年始の長期休み明けで生活リズムが崩れたりしていたため、応答的な関わりを多く持ちながら心身共に安定するような活動を心掛けた。また、冬ならではの感覚を十分に味わえるようにし、本児のやってみたい気持ちを引き出すことができた。		

2月

氏名　男児A　（1歳）

園長	主任	担当

月案	20XX年2月1日～2月28日　（つくし組　0歳児用）
クラスのねらい	○風邪が流行しやすいので、一人ひとりの健康状態（体調・食事・便）に注意し、健康に過ごす。 ○ホールや部屋以外の保育室へ行き、探索活動をしたり、異年齢児と自然に交流したりする。
クラスの内容	○一人ひとりの健康状態を把握し、こまめに検温するなどして体調の変化にいち早く気づく。 ○保育教諭と一緒にホールに散歩に行ったり、ほふく室へ行き、新しい場所に興味を持ち探索活動を楽しんだり、異年齢児とのふれあいを無理なく行う。
配慮事項	○体調の変化の早期発見のために、視診を十分に行う。 ○玩具の消毒や、消毒剤を使っての掃除を行う。 ○部屋の換気をこまめにし、快適な温度と湿度を保つようにする。 ○保育教諭が仲立ちし、周りの子や異年齢児と楽しんでふれあえるようにする。
家庭支援	○感染性の病気（風邪など）が発生したときには、保護者にすみやかに情報の提供をする。 ○離乳食から幼児食への移行を、家庭と連絡を密にしながら進めていく。 ○運動面や情緒面など家庭での様子、園での様子を情報交換し合い、一人ひとりに合った成長・発達を促していけるようにする。 ○保育学校へのお誘いをする。
行事	1日　豆まき集会 　　非常災害訓練 8日　育児講座 15日　保育学校 　　乳児体験 22日　身体測定 28日　お誕生会
月の評価と反省・自己評価	○鼻水が多く出ることで、よだれも多くなっている。こまめに拭いたり、スタイを交換したりするようにした。 ○部屋以外の場所へ行くが不安を感じ、担任の保育教諭から離れられないでいたので、無理強いせず、進級に向けて徐々に慣れていくようにしていきたい。 ○指先を使ったあそびが少なかったのでもっと経験させていきたい。

個別指導案

前月の状態	内容	援助活動	月の成長
○フォークやスプーンを持たせると握るが、なめたりテーブルを叩いたりしている。手づかみは指先を使い上手につまみ、食べている。 ○布団で眠り、途中目覚めて眠りが不足しているようなときはベビーラックを使い、再眠できるようにしている。 ○つかまり立ちから伝い歩きができる。つかまり立ちから数秒手を離す。 ○片手で何かにつかまりながら、もう片方の手に物を持つ。 ○名前を呼ばれると手をあげる。 ○絵本の動物を見て、なんでも「ニャンニャン」と話す。 ○保育教諭と、「ちょうだい」「どうも」のやり取りを楽しむ。	○離乳完了期。手づかみで食べる。スプーン・フォークを使っても意欲的に食べる。 ○布団で入眠し、時間いっぱいたっぷり眠る。 ○しりもちをつきながら、何度も立ち上がり歩こうとする。 ○部屋以外の場所へ行く。 ○保育教諭や周りの子どもと一緒に歌や手あそびを楽しむ。	○こぼしながらも手づかみで食べ、満足感を得られるよう見守り、さりげなく介助する。 ○スプーンに食材をのせたり、フォークに刺したりして、食べやすいように工夫する。 ○布団で保育教諭にトントンしてもらい入眠する。時間いっぱい眠れるよう、あそびを工夫したり、朝寝の時間を短くしたりする。 ○つかまって立っているところから手を離したり、その場でひとりで立ち上がったり、一歩歩いてはしりもちをついたりすることが多くなるので、足元に危険なものがないように注意する。 ○1歩でも前に足を踏み出したらほめ、自信を持ってまたつぎの1歩へとつながるようにする。 ○安心できる保育教諭とホールやほふく室へ移動し、いろいろな物に興味を持ったり、異年齢児とかかわることを楽しむ。 ○他の子と一緒にすることを楽しめるようにする。	○食べることに対しては、意欲的で集中している。口の中の物がなくなると「んまんま」と話し、早くちょうだいと催促する。食欲もあり、おかわりもする。 ○布団を敷くと、昼寝の時間がわかり、布団の上に横になりゴロゴロしている。活動的になったことで時間いっぱい眠っている。朝寝をしないときは2時間以上眠る。平均2～3回寝。 ○つかまり立ちから両手を離し、ひとりで立てるようになる。しりもちをつくこともあるが、あきらめないで床から立ち上がる。1歩2歩と左右交互に足を出して不安定ながらも歩くことを楽しんでいる。 ○周りの子と一緒に保育教諭の手あそびや歌に体をゆらし、まねをして手を動かしている。

2月

園長	主幹	担当

名前	女児B	月齢	1歳7か月

前月末の子どもの姿	○身近な人に興味を持ち、自分から玩具を持って友達のそばに行ったり、保育教諭と一緒にごっこ遊びをすることを楽しんでいる。 ○積み木を車に見立てたり、指先を使った遊びを楽しんだりしている。 ○排尿をした際にしぐさや「シーシー」などの言葉で知らせるようになる。
5領域	**ねらい**
健康	○食材の形状や調理形態を工夫してもらい、苦手な野菜も少しずつ食べようとする。 ○排尿を知らせたり、保育教諭に誘われてトイレに行き、進んで排泄をする。 ○牛乳パックで作った玩具をまたいだり、トンネルをくぐったり、滑り台を滑ったりと様々な動きを楽しむ。
人間関係	○遊んだ後の玩具を保育教諭と一緒に決められた場所に片づけようとする。 ○お風呂ごっこやお買い物ごっこなど、身近な日常を保育教諭と一緒に再現して楽しむ。
環境	○手のサイズに合った容器の蓋を開閉したり、フックに物を掛けたり外したりして身の回りの物を使った遊びを楽しむ。 ○絵本鑑賞や遊びの中で、色や形への興味を持つ。
言葉	○「赤」「青」などの色や「まる」などの形を表す言葉を遊びの中で口にする。 ○保育教諭の言葉を聞いて語尾をまねするなどし、語彙が増える。
表現	○自由に絵本のページをめくり、絵や仕掛けを楽しむ。 ○粘土をちぎったり丸めたりし、感覚や形の変化を楽しむ。 ○黒や白など様々な色の画用紙に、マーカーやクレヨン、絵の具などの画材を使ってなぐり描きを楽しむ。
評価・反省	指先を使った遊びを好んでしているので、手の大きさや指先の力に合った玩具や遊びを設定し、発達を促すように配慮した。簡単にできるものから保育教諭が手助けしてどうにか出来るものまで、様々な段階の遊びを用意したことで、飽きずに楽しませることができた。

3月

氏名　男児A　（1歳　1か月）

園長	主任	担当

月案　20XX年3月1日～3月31日　（つくし組　0歳児用）

クラスのねらい	配慮事項	家庭支援	行事	月の評価と反省・自己評価
○進級に向けて、ほふく室での生活(食事や昼寝)やあそびの時間を過ごす。 ○保育教諭の仲立ちで、友だちとふれあってあそんだり、園内での探索活動やあそびで異年齢児との交流を楽しんだりする。	○部屋での探索活動の範囲が広くなってきたので、棚やテーブルの上など、手の届くところに危険な物がないか、部屋の安全を確認する。 ○保育教諭も一緒にほふく室へ行き、楽しくあそべるようにする。 ○暖房器具の点検や温度調節、換気に気をつけ快適に過ごせるようにする。	○送迎時に園での様子を伝えながら、子どもの1年の成長を保護者とともに喜び合う。 ○園と家庭とで、離乳食から幼児食への移行について連絡を取り合いながら、無理なく進めていく。 ○修了おわかれ会への参加のお誘いをする。	4日　非常災害訓練 13日　身体測定 16日　修了おわかれ会 19日　お誕生会・乳児体験 30日　入園式	○進級に向けほふく室へあそびに行くが、まだ不安がありあそべない様子。保育教諭と一緒にあそんだりしながら少しずつでもいいので慣れるようにかかわっていきたい。 ○離乳食については送迎時に保護者と詳しく話し合えたこともあり、順調に進んだ。

クラスの内容
○ホールへ行ったり、他のクラスの保育室へあそびに行ったりする機会を多くつくり、他のクラスの子どもとふれあうことを喜ぶ。 ○保育教諭が仲立ちをしながら、友だちと同じあそびをすることを楽しむ。

個別指導案

前月の状態	内容	援助活動	月の成長
○食べることに対しては、意欲的。早くちょうだいと「んまんま」と話し催促している。 ○スプーンを持ち使ってみようとするが、うまく使えない。 ○ミルクを飲み終え布団で入眠する。時間いっぱい、または時間以上眠っている。 ○しりもちをつきながら、まだ不安定だが1歩2歩と足を左右交互に出し、歩き始める。 ○保育教諭と一緒にほふく室へ行くが、雰囲気に圧倒され不安になり保育教諭から離れられない。 ○保育教諭の手あそびを見ながら、周りの子と一緒に体をゆらしたりして楽しんでいる。	○幼児食も取り入れながら、落ち着いてゆっくり食べる。 ○指差しでかたことが出たり、名前を呼ばれて手をあげたりする。 ○歩くことを楽しみ、好きな場所に行く。 ○周りの友だちに興味を持ち、かかわりを楽しむ。 ○ホールやほふく室であそぶことを喜ぶ。	○つぎつぎに勢いよく口に入れようとするので、少しずつ小皿に取り分けてあげ、ゆっくりと食べられるようにする。 ○保護者に献立表を確認してもらいながら、幼児食も食べられるようにしていく。 ○かたことが出たときは、「○○なのね」などと言葉をくり返し、さらなる発語を促すようにする。 ○まだ歩行が不安定だが、歩けることが楽しいので、足元に玩具などを置かないように十分注意し、歩行を十分楽しめるようにする。 ○周りの子に興味・関心がありかかわろうとしているので、保育教諭が仲立ちしてあげ一緒にあそべるようにしていく。 ○部屋以外の場所に行く機会を多くつくってあげ、いろいろなあそびが経験できるようにする。	○徐々に幼児食に移行できている。 ○頭に手をやり「おいしいおいしい」をやる。 ○保育教諭の話すことを少しずつ理解し始めている。食べたい物を指差し、「ナナ（バナナ）」と話すこともあった。 ○ときどきつまずき転ぶこともあるが、歩行も安定してきて、部屋の中を歩き回っている。 ○他の子どもと一緒の場所で同じ物をドンドン叩いたり、追いかけたり、すべり台で顔を見合わせ笑い合ったりと、楽しそうにしている。 ○乳母車に乗って園内散歩を楽しんだり、保育教諭と一緒にほふく室へ行ったりすることにも慣れてきた。

3月

園長	主幹	担当

名前	女児B	月齢	1歳8か月
前月末の子どもの姿	○身の回りのことは保育教諭と一緒に喜んで行っている。 ○年上の友達の後をついて歩いたり、一緒に遊んでもらうことを喜んでいる。 ○保育教諭と一緒にごっこ遊びや「おおきなかぶ」などの再現遊びをして楽しんでいる。		
5領域	ねらい		
健康	○こぼしながらもスプーンですくって自分で食事することを楽しむ。 ○睡眠や食事、遊びと休息などの園生活のリズムが整い、欲求が満たされ満足感を持って生活する。 ○目標に向かって走ったり、フープに入ったり出たりして楽しむ。		
人間関係	○決められた時間は、絵本などを楽しみながら保育教諭と一緒に座って次の活動を待つ。 ○保育教諭に仲立ちしてもらいながら、玩具等のやり取りの仕方を少しずつ覚える。		
環境	○衣服や帽子、カバンなど、自分の物と友達の物の区別がつくようになり、自分の物への愛着が芽生える。 ○戸外の空気を心地よく感じたり、飾ってある花を見て美しさを感じたりする。		
言葉	○名前を呼ばれると手を上げたり返事をしたりする。 ○保育教諭の簡単な指示を聞いて理解し、行動しようとする。 ○単純なストーリーのある絵本を喜んで見る。		
表現	○いろいろな絵本の世界を保育教諭と一緒に再現して楽しむ。 ○なじみのあるふれあい遊びや手遊びなどで身体表現を楽しむ。 ○保育教諭と一緒にままごとなどでイメージをふくらませて遊ぶことを喜ぶ。		
評価・反省	生活リズムが安定していることで、いろいろなことに落ち着いて取り組んでいる。また、自由に探索活動を楽しむことで身近な人や物への関心も高まっているため、本児の興味や関心がどこにあるのかを見極め、必要な発達を促しながらいろいろな経験ができるようにした。		

保育総合研究会沿革

1999年 10月 □保育の情報発信を柱にし、設立総会（東京　こどもの城）
会長に中居林保育園園長（当時）・椛沢幸苗氏選出
□保育・人材・子育ての３部会を設置
□第１回定例会開催
12月 □広報誌第１号発行

2000年 5月 □最初の定時総会開催（東京　こどもの城）
8月 □第４回定例会を京都市にて開催
9月 □田口人材部会部会長、日本保育協会（以下、日保協）・
保育士養成課程等委員会にて意見具申

2001年 1月 □第１回年次大会
□チャイルドネットワーク
「乳幼児にとってより良い連携を目指して」発行
5月 □日保協機関誌『保育界』“シリーズ保育研究”執筆掲載
（翌年４月号まで11回掲載）

2002年 3月 □「From Hoikuen」春号発行
（翌年１月まで夏号・秋号・冬号4刊発行）
10月 □社会福祉医療事業団助成事業
「子育て支援基金　特別分助成」要望書

2003年 3月 □年次大会を大阪市にて開催
□保育雑誌『PriPri』（世界文化社）で指導計画執筆
6月 □日保協機関誌『保育界』“シリーズ保育研究”執筆掲載
10月 □福祉医療機構
「子育て支援能力向上プログラム開発の事業」

2004年 3月 □ホームページ開設（2008年リニューアル）
7月 □第16回定例会を横浜市にて開催
10月 □子育て支援に関するアンケート調査

2005年 4月 □盛岡大学齋藤正典氏(当時)、保育学会で研修カルテを発表
6月 □「研修カルテ-自己チェックの手引き」発行
（研修カルテにおける自己評価の判断基準）
□チャイルドアクションプランナー研修会
（２回花巻／東京）
10月 □椛沢・坂﨑・東ヶ崎三役、内閣府にて意見交換

2006年 4月 □椛沢会長が自民党幼児教育小委員会で意見陳述
□日保協理事長所長研修会
青森大会研修カルテ広告掲載

2007年 4月 □「保育所の教育プログラム」（世界文化社）発行
5月 □保育アドミニストレーター研修会（東京）
7月 □日保協機関誌『保育界』“シリーズ保育研究”
執筆掲載（2008年6月号まで12回掲載）
8月 □第25回記念定例会「保育所教育セミナー」開催
（東京大学　秋田教授）
9月 □椛沢会長が「保育所保育指針」解説書検討
ワーキンググループ（厚生労働省）に選出され執筆

2008年 7月 □日保協第30回全国青年保育者会議沖縄大会
第１分科会担当
9月 □日保協機関誌『保育界』“シリーズ保育研究”執筆掲載
□坂﨑副会長が厚生労働省「次世代育成支援のための新たな
制度体系の設計に関する保育事業者検討会」選出
11月 □「新保育所保育指針サポートブック」（世界文化社）発行

2009年 1月 □サポートブック研修会（4回：花巻／東京／大阪／熊本）
3月 □「自己チェックリスト100」（世界文化社）発行
5月 □チェックリスト研修会（2回：東京／大阪）
9月 □坂﨑副会長が厚生労働省
「少子化対策特別部会第二専門委員会」選出
10月 □日保協理事長所長研修会新潟大会　第4分科会担当
11月 □「新保育所保育指針サポートブックⅡ」
（世界文化社）発行
□海外視察研修会（イタリア）

2010年 2月 □サポートブックⅡ研修会（４回：花巻／東京／大阪／熊本）
8月 □坂﨑副会長が内閣府
「子ども子育て新システム基本ＷＴ」委員に選出
11月 □日保協理事長所長研修会岐阜大会　第４分科会担当

2011年 3月 □2010年度版保育科学研究
乳幼児期の「保育所保育の必要性」に関する研究執筆
6月 □サポートブックⅡ研修会（2回：函館／日田）
9月 □保育科学研究所学術集会（椛沢会長発表）
10月 □全国理事長所長ゼミナール分科会担当

2012年 3月 □2011年度版保育科学研究
乳幼児期の「保育所保育の必要性」に関する研究執筆
9月 □保育科学研究所学術集会（坂﨑副会長発表）

2013年 2月 □保育サポートブック
「0・1歳児クラスの教育」「2歳児クラスの教育」
「5歳児クラスの教育」（世界文化社）発行
4月 □坂﨑副会長が内閣府「子ども・子育て会議」全国委員に選出
9月 □保育科学にて神戸大学訪問
□保育ドキュメンテーション研修会（東京）

2014年 2月 □保育サポートブック
「3歳児クラスの教育」
「4歳児クラスの教育」（世界文化社）発行
□定例会を沖縄にて開催
3月 □ 2013 年度版保育科学研究
「乳幼児期の保育所保育の必要性に関する研究」執筆
8月 □環太平洋乳幼児教育学会ポスター発表
（インドネシア・バリ島）
9月 □保育科学研究所学術集会（椛沢会長発表）
12月 □海外視察研修（スウェーデン／フランス）